LES DRAPEAUX DU CANADA

LES DRAPEAUX DU CANADA

Le très honorable

Stephen J. Harper

sh.
SUTHERLAND HOUSE

TORONTO, 2026

Sutherland House
416, avenue Moore, bureau 304
Toronto (Ontario) M4G 1C9

Édition originale : février 2025, sous le titre *Flags of Canada*

Pour inviter l'un de nos auteurs à faire une apparition publique ou médiatique, écrire à sranasinghe@sutherlandhousebooks.com et consulter le sutherlandhousebooks.com pour plus d'informations.

Nous remercions le gouvernement du Canada de son soutien.

Fabriqué au Canada
Maquette de la couverture : Leah Ciani, Shalomi Ranasinghe et Jordan Lunn
Illustrations : Greg Stoicoiu
Mise en pages : Karl Hunt
Traduction de l'anglais (Canada) : Frédéric Demers
Révision linguistique : Marilou Montminy

Catalogage avant publication de Bibliothèque et Archives Canada
Titre: Les drapeaux du Canada / le très honorable Stephen J. Harper.
Autres titres: Flags of Canada. Français
Noms: Harper, Stephen, 1959- auteur.
Description: Traduction de : Flags of Canada. |
Comprend des références bibliographiques.
Identifiants: Canadiana (livre imprimé) 20260192562 | Canadiana (livre numérique) 20260192821 | ISBN 9781997701859 (couverture rigide) | ISBN 9781997701866 (EPUB)
Vedettes-matière: RVM: Drapeaux—Canada—Histoire. | RVM: Canada—Histoire.
Classification: LCC CR115.C3 H3714 2026 | CDD 929.9/20971—dc23

ISBN 978-1-997701-85-9
ISBN EPUB 978-1-997701-86-6

Table des matières

Je dédie ce livre sur le passé à Ben et à Rachel,
qui sont mon avenir.

Introduction

MON PLUS ANCIEN souvenir politique remonte au débat sur le drapeau canadien de 1964–1965. La première fois qu'on y a hissé notre nouveau drapeau, je fréquentais la maternelle à la petite école de Northlea[1], à Toronto. Je m'en souviens comme si c'était hier.

Les nombreuses propositions de drapeau avaient piqué la curiosité du garçon de cinq ans que j'étais. Naïvement, j'ai interrogé ma famille, mes amis et mes voisins sur leur option préférée. Une bien mauvaise idée ! Leaside était d'ordinaire un milieu de vie accueillant, mais, cette fois, je ne recevais que des réponses mornes ou maussades. Si les gens acceptaient volontiers de me parler, de toute évidence, ils ne le faisaient pas entre eux. Les désaccords étaient profonds.

J'ai compris que la préférence pour telle ou telle option tenait rarement de critères esthétiques. Pour employer des mots que j'apprendrais bien plus tard, elle relevait de l'identité, de l'histoire, bref, du grand récit dans lequel chaque personne se reconnaissait.

Quoi qu'il en soit, c'était la dimension esthétique qui avait séduit le petit garçon que j'étais. Il faut dire que l'intérêt pour les drapeaux était dans l'air du temps. Non seulement le Canada venait d'en adopter un nouveau, mais les provinces, comme bien des villes, étaient en voie de faire pareil. Dans les années suivantes, le centenaire du Canada et celui de plusieurs provinces ont multiplié les dévoilements de drapeaux. Je me suis d'ailleurs constitué à cette époque une petite collection fort enviable de versions miniatures.

Mon intérêt pour l'histoire du Canada vient de là, car un bon drapeau est empreint de symboles du passé. Cet intérêt m'a ramené aux origines du Canada – des origines, ai-je découvert, bien plus anciennes que le centenaire que nous allions célébrer en 1967.

Les peuples autochtones possédaient depuis longtemps leurs propres symboles nationaux. En revanche, ceux du Canada venaient des puissances européennes qui ont jeté les bases de nos institutions. Sans contredit, la Grande-Bretagne et la France étaient les plus importantes de ces puissances, et leurs revendications respectives sur le Canada s'appuyaient sur la venue de Jean Cabot en 1497 et celle de Jacques Cartier en 1534.

Cela dit, le véritable point de départ, c'est la fondation de Québec, première capitale du Canada, par Samuel de Champlain en 1608. Ce livre commence donc par un retour sur les drapeaux de la Nouvelle-France et leur héritage.

En 1763, les Britanniques ont mis fin au régime français et c'est sous leur domination que les futures frontières de l'État canadien ont commencé à se dessiner. Le chapitre suivant traite donc des principaux drapeaux de l'Amérique du Nord britannique et de leur héritage.

Le passage du gouvernement colonial britannique à l'indépendance du Canada s'est fait graduellement, mais nos institutions d'État sont nées avec la Confédération. Je m'emploierai donc, dans la dernière partie, à examiner, à compter de 1867, les débats ayant mené à l'adoption de l'unifolié.

Le but de ce livre est d'abord et avant tout d'illustrer les principaux drapeaux de l'histoire du Canada, depuis les bannières continentales de Nouvelle-France et d'Amérique du Nord britannique jusqu'aux débats sur l'adoption d'un drapeau national. Comme je ne voulais pas « emprunter » d'images venant d'Internet, j'ai engagé mon ami Greg Stoicoiu, un artiste aveugle au sens de la loi, pour les dessiner. Le résultat est superbe. Greg et moi espérons qu'il plaira à notre lectorat autant que des dessins semblables ont émerveillé le petit garçon de Leaside, autrefois, et qu'il suscitera un engouement pour l'histoire et la signification de ces symboles hauts en couleur.

Les commentaires qui accompagnent chaque dessin apportent des informations contextuelles. Je donne parfois mon opinion, surtout dans la troisième partie. Pour autant, mon but n'est pas de convaincre qui que ce soit de la justesse d'un récit particulier concernant tel concept de drapeau ou ce qu'il représente.

Je suis d'avis que des biais narratifs ont plombé d'autres histoires des drapeaux au Canada, par ailleurs bourrées de qualités. Dans ces histoires, les partisans de certains concepts sont des héros et les autres, soit des vilains, soit de vieux grincheux ne comprenant rien à rien. Ces caricatures nuisent à la compréhension de l'histoire. Elles masquent les nuances et la complexité de la vérité du passé.

Libre à chacun, évidemment, de se rallier à ces caricatures – ou à tout autre récit. Mon seul espoir, c'est que leur conclusion, quelle qu'elle soit, repose sur du concret. Après tout, une opinion n'a de valeur que si elle résiste à l'épreuve des faits.

1

Les drapeaux de la Nouvelle-France : histoire et héritage

LE PETIT ÉTABLISSEMENT de Québec fondé par Champlain deviendra le centre politique de la Nouvelle-France, l'immense vice-royauté française en Amérique dont le cœur est la vallée du Saint-Laurent (figure 1). Les Français baptisent cette région le Canada. Au fil du temps, ce nom en vient à recouvrir une grande partie de notre pays actuel. Le territoire de la Nouvelle-France est bien plus vaste que celui du Canada d'aujourd'hui : il s'étend jusqu'aux rives du golfe du Mexique, englobant les vallées de l'Ohio, du Missouri et du Mississippi.

Il s'agit toutefois d'un colosse aux pieds d'argile. Sa population est clairsemée, même dans la vallée du Saint-Laurent. En outre, les Britanniques contestent depuis le début les prétentions territoriales de la France. Avec le recul, le sort de la colonie, vingt fois moins populeuse que les possessions britanniques, apparaît joué d'avance. En 1763, la France cède pratiquement tous ses territoires par traité à la Grande-Bretagne. Le minuscule archipel de Saint-Pierre-et-Miquelon, au large de Terre-Neuve, est tout ce qu'elle conserve de son empire en Amérique du Nord.

Ces îles ne sont pas les seules traces de la Nouvelle-France qui subsistent pour autant. Car si le pouvoir à Québec est désormais britannique, les habitants du Canada, eux, restent essentiellement francophones. Dans les années suivantes, la population se range par deux fois du côté britannique lors de conflits. Grâce à cette loyauté, et malgré ses profondes transformations, l'embryon d'État qu'elle avait fondé réussit à survivre.

De nombreux drapeaux et symboles en usage au Canada sont porteurs d'un héritage français. Ce sera l'objet des pages suivantes.

Le drapeau du royaume de France

Quel est le drapeau de la France au temps de la Nouvelle-France ? La réponse à cette question est très complexe, même si notre pays a une position officielle à ce sujet. Depuis 1921, l'un des supports de l'écu des armoiries du Canada est une licorne tenant la bannière de France (figure 2), que nous considérons comme le drapeau du royaume de France du temps de sa domination sur le Canada.

Quelques remarques stylistiques sur ce drapeau sont de mise. La bannière de France montrée ici est carrée et flotte à l'horizontale. Ça n'a pas toujours été le cas. Au contraire, la forme conventionnelle des drapeaux change beaucoup au fil des siècles.

Dans l'Antiquité – notamment à Rome et en contexte religieux –, les drapeaux sont surtout verticaux. Le Moyen Âge connaît d'abord les longues oriflammes à queue de pie, puis des bannières écourtées dotées de nombreuses pointes. Le carré semble être en vogue au début de la période coloniale (les années 1500 et 1600, en gros), avant d'être petit à petit remplacé par le rectangle. Aujourd'hui, les drapeaux sont souvent représentés comme un rectangle deux fois plus long que large, même quand ce ne sont pas les proportions officielles.

L'héraldique a son jargon, le blasonnement, qui vient du français médiéval. La forme d'un drapeau n'est pas toujours précisée et la nuance exacte de sa couleur, rarement indiquée. Les tons varient sans cesse. Les drapeaux bleus, par exemple, tendent à s'assombrir au fil des siècles. Quant à la bannière de France, elle est habituellement du même bleu roi que dans les armoiries du Canada, mais on sait qu'il en a existé des versions bleu-vert pâle, azur, marine et violette[2].

La bannière arbore des fleurs de lis, un vieux symbole aux origines incertaines dont l'apparence a beaucoup changé à travers les époques. Encore une fois, le blasonnement ne décrit pas toujours leur apparence avec précision. Nous ne pouvons donc pas savoir quels styles sont officiels ou communs. Avant l'ère industrielle, les drapeaux sont faits à la main, un à un, et presque aucune bannière du temps de la Nouvelle-France ne nous est parvenue.

Au-delà des particularités de la bannière de France, la grande question est de savoir s'il s'agit d'un drapeau national. Rien n'est moins certain, et c'est même probablement faux. La France royale n'a pas de drapeau « national » comme on conçoit la chose aujourd'hui[3]. Le royaume absolutiste est un prolongement de la personne du roi, après tout, et non l'expression d'une nation. Ses drapeaux sont ceux du roi ou des institutions et offices créés par lui.

À vrai dire, le concept de drapeau national unique – valable pour des usages publics (l'État), civils et militaires, à terre et en mer – est assez moderne. Le Canada a le sien, mais le royaume de France d'autrefois en employait plutôt toute une panoplie. Une ordonnance de 1661 de Louis xiv, par exemple, en autorise soixante-huit pour différentes institutions et fonctions. Si l'apparence des drapeaux en usage change souvent dans la durée, certains points communs demeurent, comme le caractère royal des couleurs bleu, blanc et rouge[4] et l'association étroite de la fleur de lis d'or avec la couronne.

Cela dit, par la diversité croissante de ses usages à compter du Moyen Âge tardif, la bannière de France devient petit à petit une sorte de drapeau « national ». Conçue comme étendard du roi et dérivée de son écu, elle arbore de nombreuses fleurs de lis en semé, dans ce qu'on appelle le style France ancien. Au quatorzième siècle, le nombre de fleurs de lis est ramené à trois – c'est le style France moderne – en symbole de la Sainte Trinité[5].

Il semble que la bannière de France sera hissée au moins trois fois dans les premiers temps de la Nouvelle-France. Elle figure sur un dessin de 1564 de Fort Caroline, éphémère colonie française en Floride. Il en est aussi question dans un document de 1604 de l'île Sainte-Croix, en Acadie. Enfin, on semble la reconnaître, avec une double pointe, dans un croquis de Québec de 1610 par Champlain[6]. Chose certaine, à compter du début du dix-septième siècle, ce drapeau se fait plus rare[7].

Ce qui le remplace dans l'usage ? Un autre drapeau, mais qui n'évoque pas spontanément le royaume de France[8], comme on le verra à la section suivante. D'ailleurs, depuis Jacques Cartier, ce n'est pas avec un drapeau que les Français ont l'habitude de signaler leur souveraineté en Amérique du Nord, mais avec l'écu royal.

En somme, s'il faut trouver l'équivalent d'un drapeau « national » du temps de la France royale, la bannière de France s'avère un choix aussi raisonnable que tout autre[9].

Je conclus avec ceci : cette bannière n'a pas complètement disparu, puisqu'elle est le drapeau non officiel de l'Île-de-France, la région administrative qui englobe Paris.

Les pavillons français

Le mot pavillon désigne souvent le drapeau principal d'un navire. Les pavillons ont une grande importance dans le passé colonial canadien. Flottant au grand mât des navires venus de la mère-patrie, ils comptent parmi les drapeaux les plus communs de ce côté-ci de l'Atlantique, d'où le sens d'identité qu'ils engendrent.

Le pavillon rouge français (figure 3) date du quinzième siècle. Militaire au départ, il sert aussi comme pavillon d'ordre plus général. Son origine remonte à la guerre de Cent Ans – ce n'est donc pas un hasard si ses couleurs reprennent à l'inverse celles de l'ennemi anglais. À une certaine époque, son emploi est si généralisé qu'on dirait un drapeau non officiel[10]. En revanche, il a pour inconvénient de ressembler étroitement aux drapeaux du Danemark et de la Suisse.

Le pavillon rouge ne disparaît pas. Au contraire, il engendre toute une gamme de drapeaux fondée sur la croix blanche[11]. Les couleurs de leurs quartiers varient de l'un à l'autre; des fleurs de lis ou d'autres symboles y figurent parfois. Les drapeaux de la plupart des régiments qui servent en Nouvelle-France s'inspirent d'ailleurs de ce modèle de base[12].

Nul ne sait si le pavillon rouge aura flotté un jour au Canada. Les navires de Cartier l'arborent-ils ? Peut-être, mais ils portent plus vraisemblablement son successeur pour la marine marchande, le pavillon bleu (figure 4) – comme les navires de Champlain en leur temps, nous en sommes sûrs[13].

En Nouvelle-France, la vue du pavillon bleu sur un navire marchand n'a rien d'inusité. On appelle parfois cette croix blanche sur champ d'azur la croix de saint Michel, archange figurant parmi les saints patrons de la France. Plus tard, on ajoutera l'écu royal au centre de la croix, puis la couronne et le collier des armoiries royales. Il n'existe aucune preuve, cela dit, que ces versions plus détaillées servent en Nouvelle-France[14].

Les marchands préfèrent se tourner vers un autre drapeau, le pavillon blanc, qui leur est pourtant interdit (figure 5). Il ne faut pas le confondre avec l'étendard de nombreux colonels de régiments, alliant une croix blanche et des quartiers blancs. Le pavillon blanc est une bannière uniforme d'une autre origine. Ses racines nous ramènent au Moyen Âge, et notamment à l'étendard blanc de Jeanne d'Arc, semé de fleur de lis d'or et décoré de symboles religieux.

Emblème de la marine militaire française, le pavillon blanc se retrouve naturellement en Amérique du Nord après que la Nouvelle-France devient colonie royale en 1663. Il y flotte aussi bien sur les vaisseaux de guerre qu'au-dessus des forts aux mains des troupes de la marine. À vrai dire, ce drapeau sert en toutes sortes de contextes dans les dernières décennies de la monarchie. Quand éclate la Révolution française, il est devenu le drapeau national de fait, sinon de droit, le blanc symbolisant la prétention de la couronne à être la défenseure la plus pure et entière de la foi catholique.

Les drapeaux coloniaux français

Quand j'étais petit, la croyance voulait que le drapeau de la Nouvelle-France ait été blanc, orné de fleurs de lis d'or. D'ordinaire, ces fleurs étaient très nombreuses sur les représentations, mais, comme dans le cas de la bannière de France, elles pouvaient se réduire à trois. En raison de sa couleur, j'appellerai ce drapeau la bannière blanche (figure 6).

Les vexillologues – les gens qui étudient les drapeaux – ne sont plus de cet avis. Ni la Nouvelle-France ni aucune de ses parties n'a eu de drapeau officiel, disent-ils. Quant à la bannière blanche, elle n'aurait jamais eu cours légal ici. Du reste, la documentation attestant d'un drapeau de ce genre au Nouveau Monde est mince[15].

Le fait est que nous avons bien peu de traces documentaires des drapeaux ayant flotté sur la Nouvelle-France. Les quelques dessins de cette époque où l'on voit une bannière surplombant un bâtiment sont en noir et blanc et plutôt imprécis[16]. Quant aux tableaux postérieurs montrant des drapeaux, ils reflètent presque toujours l'époque de leur réalisation plutôt que celle censément dépeinte.

Ce dont nous sommes sûrs, c'est que les habitants de la Nouvelle-France ont adopté le blanc comme couleur « nationale »[17]. Les uniformes habituellement blancs (ou blanc cassé) de l'infanterie française, et plus encore l'usage croissant du pavillon blanc, en témoignent.

Ce pavillon présente toutefois un inconvénient de taille. Un tissu haut de gamme offre certes une vision claire et saisissante sur l'océan ou le champ de bataille, mais son dépouillement en fait un emblème ambigu. Sa ressemblance au vieux symbole universel de trêve pose évidemment une difficulté : comme le pavillon blanc ne porte aucune symbolique française manifeste, il faut connaître l'association entre cette couleur et la monarchie pour en comprendre le sens.

La difficulté peut trouver sa solution dans l'ajout, au besoin, de symboles français, comme une imagerie religieuse ou des fleurs de lis d'or. En contexte officiel, l'écu royal y prend aussi place, parfois accompagné d'autres éléments des armoiries royales. Les archives nous disent que ce pavillon blanc aux armes (figure 7) sera employé au moins deux fois en Nouvelle-France[18].

Le pavillon blanc aux armes est probablement ce qui s'apparente le plus à un drapeau de la Nouvelle-France. Son écu royal et sa couleur sont les deux symboles les plus vifs d'autorité et d'identité françaises en Amérique du Nord. L'adoption de variations du *Red Ensign* (pavillon rouge) britannique dans les colonies de la Grande-Bretagne procède de la même logique[19]. Dans les deux cas, ces drapeaux de la couleur « nationale » dominante et arborant une symbolique « nationale » s'inspirent du principal pavillon maritime de la mère-patrie.

Mais alors, sur quoi repose la croyance bien ancrée selon laquelle la bannière blanche a servi de drapeau à la Nouvelle-France ? D'abord, cette bannière est très ancienne ; son existence remonte en effet à Jeanne d'Arc[20]. Ensuite, les peintres de toutes les époques la représentent souvent. Quant à sa signification pour la Nouvelle-France, la plus ancienne trace que j'ai trouvée est un discours de 1855 de Pierre-Joseph-Olivier Chauveau, un futur premier ministre du Québec[21]. À l'évidence, les gens de cette époque la connaissent bien.

Je suis convaincu que la bannière blanche a flotté en Nouvelle-France comme dans la mère patrie. L'argument contemporain contre cette opinion tient pour beaucoup au fait qu'elle n'a jamais eu de statut officiel. Or, ce fait joue précisément en sa faveur. Sous l'Ancien Régime, on aurait longtemps hésité à hisser un drapeau pour un autre usage que sa fonction officielle. En revanche, il est tout à fait concevable qu'en Nouvelle-France, quelqu'un ait peint ou cousu des fleurs de lis jaunes ou d'or sur une toile blanche pour confectionner un drapeau patriotique non officiel, bien distinct du pavillon servant à demander une trêve.

Est-ce moi qui refuse d'abandonner ce que je tiens pour vrai depuis l'enfance ? Que la bannière blanche ait été employée ou non, nous verrons qu'elle a laissé un héritage en Amérique du Nord.

Le drapeau du Québec

Les symboles de la France royale n'ont pas disparu de ce qui était autrefois le cœur de la Nouvelle-France et qui est aujourd'hui le cœur du Québec. Les armoiries de la province, par exemple, contiennent un trio de fleurs de lis d'or sur champ d'azur, à l'instar de la bannière de France. Mais sur le drapeau du Québec, l'héritage de la Nouvelle-France est bien indirect.

Après leur conquête de la Nouvelle-France, les Britanniques remplacent rapidement les drapeaux français par les leurs, et il faut des décennies pour que des drapeaux distincts voient le jour dans ce qui s'appelle alors le Bas-Canada. Le premier à connaître une certaine popularité est le tricolore canadien : trois bandes horizontales verte, blanche et rouge symbolisant sans doute les populations irlandaise, française et britannique. Ce drapeau est entaché par l'échec des rébellions de 1837–1838 contre le pouvoir colonial britannique. Cependant, il arrive encore que des groupes ultranationalistes québécois l'agitent, et une de ses variantes est même brandie lors des protestations des camionneurs à Ottawa en 2022[22].

Le second à rallier les foules n'est nul autre que le drapeau tricolore de la France républicaine. Sa popularité coïncide avec le réchauffement des relations franco-britanniques, en particulier à l'occasion de la guerre de Crimée et de la visite de la corvette *La Capricieuse* à Québec en 1855. Ce premier navire français en eaux canadiennes depuis la conquête est accueilli par une déferlante de drapeaux tricolores battant au-dessus des foyers francophones comme anglophones.

Vers la fin du dix-neuvième siècle, les Canadiens s'engagent dans leur premier véritable débat sur le thème du drapeau. D'un côté, les anglophones souhaitent voir l'*Union Jack* s'imposer à la grandeur du pays ; de l'autre, les francophones envisagent différentes options de bannière bien à eux. L'une d'elles consiste à canadianiser le tricolore français en ajoutant une feuille d'érable à sa bande blanche. Mais certains milieux francophones du temps, à commencer par l'élite catholique, ont en aversion les valeurs laïques de la République française. Ils préfèrent donc chercher un drapeau ancré dans leur foi et leur histoire.

En dépit de sa ressemblance avec le pavillon bleu, le drapeau du Québec ne descend pas en droite ligne de ce vieux pavillon marchand. Sa filiation est avec le drapeau de Carillon (figure 8). Conservée aujourd'hui au Musée de l'Amérique francophone, à Québec, cette bannière fabriquée en 1726 est la seule de la Nouvelle-France à nous être parvenue. Son histoire tient de la légende, sans exagération.

Selon la légende, en effet, la bannière accompagne la milice canadienne-française à la bataille de Carillon, en 1758. Or, tandis qu'elle bat au vent, la Vierge Marie apparaît soudain pour envelopper le feu britannique de ses vêtements. Cinq fois moins nombreux, mais fortifiés par la bannière et par ce miracle, les Français remportent leur dernière grande victoire avant la conquête de 1760.

Plus tard, les troupes du général français Louis-Joseph de Montcalm, en repli, apportent le drapeau à l'église des Récollets pour l'y suspendre.

En 1796, la bannière est sauvée in extremis de l'incendie qui ravage l'église. Elle disparaît ensuite de la circulation jusqu'en 1847, quand on la retrouve dans une malle appartenant au dernier récollet encore en vie.

À l'occasion du centenaire de la célèbre bataille, le poète nationaliste Octave Crémazie compose une longue ode qui immortalise ce drapeau dans l'imagination populaire. Rarement exposée, l'antique bannière déclenche à chacune de ses apparitions publiques des manifestations de ferveur nationaliste et religieuse[23].

Sur le fond, le poème est typique du nationalisme canadien-français de cette époque, tout empreint de mythes. Selon ce nationalisme, la survie des Canadiens français, de leur langue et de leur culture a été le fruit de leur fidélité inébranlable à la foi catholique, plutôt que d'actions ou de décisions politiques. Car le fameux drapeau de Carillon n'est pas une relique militaire, mais une bannière religieuse, suspendue à la verticale et montrant au revers la Vierge et l'Enfant Jésus.

En 1902, le curé québécois Elphège Filiatrault propose de modifier le drapeau de Carillon. Son but : doter le Canada français d'un drapeau national, le Carillon moderne (figure 9). Le père Filiatrault choisit un champ bleu ciel[24] sur lequel des fleurs de lis modernisées pointent vers le centre. Il remplace aussi l'écu par une croix blanche, référence pieuse à la France d'autrefois.

L'élite catholique reprend à son compte le dessin du père Filiatrault l'année suivante. Contre le souhait du curé, mais sur les exhortations du pape Léon xiii, une image du Sacré-Cœur de Jésus est ajoutée au centre, ceinte d'une guirlande de feuilles d'érable. Soutenu par la puissance de l'Église et des organisations laïques catholiques, le Carillon Sacré-Cœur (figure 10) devient progressivement le drapeau officieux des Canadiens français. En 1926, la Législature du Québec en fait le drapeau officiel de la Société Saint-Jean-Baptiste.

À la fin des années 1940, dans le contexte d'un énième débat politique au Canada sur le thème du drapeau, les pressions se multiplient au Québec pour l'adoption d'un drapeau provincial inspiré de celui de Carillon. La présence ou l'absence du Sacré-Cœur laisse l'opinion publique indifférente.

Nationaliste, mais conservateur, le premier ministre Maurice Duplessis n'est pas enchanté. Sa préférence va vers un drapeau inspiré de l'écu provincial. Un tel modèle a d'ailleurs servi une fois en 1938[25]. En janvier 1948, toutefois, Duplessis se rallie à l'option la plus populaire, mais à sa façon, c'est-à-dire en éliminant le Sacré-Cœur et en redressant les fleurs de lis au centre des quartiers. Non seulement ce nouveau drapeau est mieux proportionné (figure 11), mais Duplessis y associe son nom à jamais. Le fleurdelisé deviendra un des legs les plus durables des longues années de pouvoir de ce premier ministre.

Les souverainistes laïques et républicains qui brandissent le drapeau de Duplessis dans les décennies suivant la Révolution tranquille ne semblent pas conscients de son caractère royal et religieux. Pour eux, il n'évoque que « le Québec ». C'est dire à quel point un drapeau peut acquérir une signification autonome comme symbole.

Et quel symbole, d'ailleurs ! Aux yeux des spécialistes, le fleurdelisé réunit en effet tous les traits d'un drapeau remarquable : deux seules couleurs dans des tons de base très contrastés, et un symbolisme simple, éloquent et distinctif[26]. Sans surprise, ce drapeau d'une rare élégance a été jugé comme l'un des plus beaux d'Amérique du Nord[27].

Les autres drapeaux d'héritage français

Les symboles monarchiques se sont raréfiés dans l'Hexagone, du moins pour représenter l'État. En revanche, des deux côtés de la frontière canado-américaine, ils restent bien visibles dans des lieux associés à la Nouvelle-France. Bâton Rouge, Détroit, Mobile et Saint-Louis, par exemple, ne sont que quelques-unes des villes dont le drapeau arbore la fleur de lis, habituellement dans une combinaison de jaune, de blanc et de bleu.

Encore de nos jours, quand ces villes ou d'autres représentent le drapeau de la Nouvelle-France – dans des armoiries, par exemple –, c'est toujours avec la bannière blanche. Le style France ancien est habituellement choisi. Songeons, par exemple, au cas bien connu des « six drapeaux du Texas », représentant les six entités souveraines qui se sont succédé sur ces terres. Invariablement, la France s'incarne dans sa bannière blanche.

Cela dit, aucun drapeau actuel ne rappelle autant la bannière blanche – dans sa variante France moderne – que le drapeau de La Nouvelle-Orléans (figure 12). Mais, comme il n'a vu le jour qu'en 1918, il s'inspire vraisemblablement de la théorie, aujourd'hui obsolète, concernant le drapeau de la Nouvelle-France.

On ne peut pas écarter aussi facilement les drapeaux des Métis francophones de la rivière Rouge. Ce sont des drapeaux associés au gouvernement provisoire rebelle de 1869–1870 dirigé par Louis Riel. Aucun d'eux n'a eu de statut officiel, et j'admets avoir retenu ici (figure 13) celui qui ressemble le plus à la bannière blanche. Cela dit, son style est caractéristique. Tous les exemples connus portent une fleur de lis, presque toujours d'or, sur champ blanc. Le trèfle vert, évoquant sans doute les Métis anglophones (les catholiques, du moins), est standard lui aussi, tout comme le bison brun, un symbole rassembleur que la Province du Manitoba, héritière de ce gouvernement, a plus tard adopté[28].

Un autre legs vexillologique de la France se trouve en Martinique, une île des Antilles ayant toujours le statut de territoire français. La parenté de son drapeau à motifs de serpent (figure 14) avec la bannière bleue est incontestable, et sa ressemblance avec le fleurdelisé ne manque pas d'étonner. Employé officieusement pendant plus de 200 ans, il s'est vu frappé d'indignité en raison de son association passée avec la traite des esclaves. Le drapeau de remplacement temporaire adopté en 2019 et le drapeau permanent adopté en 2023 sont tous deux de conception martiniquaise.

Je tiens à dire quelques mots sur les drapeaux des francophonies canadiennes minoritaires. Tous sauf un ont vu le jour en 1975 ou plus tard ; ils sont donc de création plus récente que les drapeaux officiels des provinces et territoires. En outre, la plupart arborent une version de la fleur de lis royale. Il y a toutefois une exception notable : le drapeau acadien (figure 15).

Ce drapeau imite le tricolore français, enrichi d'un symbole national, la *Stella Maris*, l'étoile de la Vierge Marie. Cette bannière est devenue officielle en 1884, alors que le drapeau de la République française était au pic de sa popularité chez les francophones du Canada. Que les liens culturels entre la population francophone des Maritimes et la République française aient été à peu près inexistants n'a pas d'importance. Le passage du temps à lui seul confère à ce drapeau sa valeur d'emblème pour les Acadiens.

2

Les drapeaux de l'Amérique du Nord britannique : histoire et héritage

EN 1760, LA conquête de la Nouvelle-France est terminée en pratique. Le dernier gouverneur s'est rendu aux Britanniques à Montréal, non sans avoir d'abord brûlé tous les drapeaux français. Si son geste a privé l'ennemi de nombreux trophées de guerre, il explique aussi en partie pourquoi, à l'exception du célèbre drapeau de Carillon, aucun drapeau de la Nouvelle-France n'a survécu.

Cela dit, les Britanniques prennent pied au pays bien avant cette conquête. Un premier gouverneur anglais, John Guy, habite Terre-Neuve dès 1610, plus de cinquante ans avant toute présence française. À compter du début des années 1600, Londres et Paris s'échangent quelques fois la possession de l'Acadie – ou Nouvelle-Écosse, selon l'appellation britannique. En 1670, la Compagnie de la Baie d'Hudson (CBH) pose les bases de son futur empire de traite des fourrures sur la Terre de Rupert, dans ce qu'en Nouvelle-France on appelle le Nord canadien. Cette traite, après 1763, s'étendra jusqu'à l'intérieur du Territoire du Nord-Ouest, encore inconnu. Et au début du dix-septième siècle, les Britanniques occupent même, brièvement, le cœur du Canada – ce qu'ils nomment *Quebec* (figure 16).

Les possessions britanniques au sein du Canada actuel ne racontent l'histoire qu'à moitié. La conquête de la Nouvelle-France permet d'abord à Londres de l'adjoindre à ses territoires nordiques, à ses treize colonies sur la côte Atlantique et à la Floride, que l'Espagne lui cède au même moment. L'Amérique britannique couvre alors toute la moitié est du continent. Mais ça ne dure pas : une vingtaine d'années plus tard, la Révolution américaine en emporte la partie sud.

Les symboles de la domination britannique disparaissent de ce nouveau pays que sont les États-Unis. Mais en Amérique du Nord britannique, c'est tout le contraire. À bien des égards, ils dominent encore le paysage canadien. Des treize provinces et territoires, par exemple, dix arborent un symbole britannique sur leur drapeau et onze le font sur leur écu.

Ce chapitre traitera des principaux drapeaux de l'Amérique du Nord britannique. J'y présenterai aussi les expressions les plus visibles de ce qu'ils nous ont légué.

Les drapeaux des royaumes britanniques

Il est moins difficile de trouver des drapeaux « nationaux » sous le régime britannique que sous le régime français. C'est qu'en Grande-Bretagne, au contraire de ce qu'on observe dans le royaume de France, de tels drapeaux émergent, distincts des étendards royaux et sans statut officiel. La chose s'explique par la tradition constitutionnelle de la monarchie anglaise.

Le mot « britannique » est complexe, en revanche. Il n'a même aucune valeur juridique avant 1603, quand Jacques vi d'Écosse devient aussi Jacques ier d'Angleterre. Et même après la réunion des deux couronnes, les royaumes restent séparés en droit.

Le drapeau « national » du royaume d'Angleterre est la croix de saint Georges (figure 17). Le motif de croix rouge sur fond blanc date des croisades – Georges est le saint patron des soldats – et les Anglais l'emploient comme drapeau général depuis le treizième siècle au moins. C'est ce pavillon que bat le *Matthew*, le navire de Jean Cabot[29].

Si Terre-Neuve, la Province de Québec et la Terre de Rupert sont colonisées sous les auspices de l'Angleterre, la Nouvelle-Écosse est une fondation du royaume d'Écosse. Le drapeau « national » de celui-ci est traversé d'une croix de saint André (figure 18). Il est possible qu'un tel motif à croix blanche sur champ d'azur soit plus ancien encore que son pendant anglais. La croix en sautoir rappelle le martyre du saint patron de l'Écosse, l'apôtre André, crucifié dans cette position.

Impatient de fondre ses deux royaumes en un seul, le roi Jacques dévoile dès 1606 un drapeau commun à toute la Grande-Bretagne. Ainsi voit le jour l'*Union Jack* (figure 19), parfois – et plus correctement – appelé *Union Flag*. Hélas pour le roi, son drapeau déplaît à ses sujets, anglais comme écossais. Surtout, ceux-ci rejettent l'objectif politique derrière sa création.

En revanche, Anglais et Écossais acceptent la directive royale de hisser, en plus du drapeau de leur royaume, l'*Union Jack* sur chaque navire. Et ainsi, petit à petit, la bannière gagne en popularité. De fait, son utilisation devient si répandue qu'en 1634, Charles i^er^ juge nécessaire de le restreindre aux seuls vaisseaux royaux. Encore à ce jour, il est interdit de faire flotter l'*Union Jack* sur un navire autre que militaire.

En 1707, les parlements anglais et écossais consentent enfin à créer le Royaume-Uni de Grande-Bretagne. L'*Union Jack* devient, dès lors, un authentique drapeau national, quoique la Couronne en autorise l'emploi avec grande parcimonie. C'est aussi sous cette bannière que le Canada tombe sous la domination britannique pleine et entière.

L'*Union Jack* se modifie un demi-siècle après la conquête de la Nouvelle-France, en 1801. Cette année-là, le royaume d'Irlande, sur lequel les monarques anglais règnent depuis longtemps, devient membre du Royaume-Uni. La croix de saint Patrick vient ainsi enrichir le drapeau (figure 20).

Le choix de ce symbole ne va pas de soi. On connaît peu d'usages de la croix rouge en sautoir comme symbole « national » irlandais. Qui plus est, le saint patron de l'Irlande, Patrick, n'a pas été crucifié. En fait, si ce motif est retenu, c'est fort probablement parce qu'il se glisse facilement dans l'ensemble[30].

Mais qu'il s'agisse ou non d'un authentique emblème du Royaume-Uni de Grande-Bretagne et d'Irlande, c'est bien ce second *Union Jack* qui rappelle, sur les armoiries du Canada, la domination britannique. C'est lui aussi, à cette époque, qui flotte habituellement au-dessus des bâtiments administratifs et militaires coloniaux au Canada. Mondialement accepté, aujourd'hui, comme drapeau national britannique, il n'a pourtant jamais fait l'objet d'une loi en ce sens.

Je termine par quelques remarques. D'abord, l'*Union Jack* représente toujours trois pays, mais le Royaume-Uni n'inclut, depuis 1922, que l'Irlande du Nord. Les frontières nord-irlandaises correspondent grosso modo à celles de l'Ulster, simple province de l'ancien royaume d'Irlande. Ensuite, le Pays de Galles est absent du drapeau. Pourquoi ? Parce qu'historiquement, il n'a constitué qu'une simple principauté au sein du royaume d'Angleterre. Enfin, l'Écosse conserve pour son propre drapeau l'azur original de la bannière à croix de saint André. Le bleu de l'*Union Jack* s'est assombri nettement au fil des siècles, comme c'est d'ailleurs le cas pour beaucoup d'autres drapeaux bleus[31].

Les pavillons britanniques

Les quatre drapeaux à « croix nationale » – celle de saint Georges, celle de saint André, celle de l'union de 1707 et celle de l'union de 1801 – n'ont pas été les seules bannières britanniques à flotter sur le Canada, loin de là. Terre-Neuve et la Nouvelle-Écosse, par exemple, ont sans doute connu les drapeaux du *Commonwealth*, l'éphémère République anglaise de 1649 à 1660[32]. Mais ces derniers sont sans importance dans l'histoire canadienne.

Les drapeaux les plus communs et les plus conséquents en Amérique du Nord britannique sont ceux des navires, exactement comme en Nouvelle-France. Les parallèles entre la Grande-Bretagne et la France ne s'arrêtent d'ailleurs pas là. Les trois principaux pavillons de chaque royaume sont rouge, bleu et blanc, et généralement organisés autour de la croix nationale. Chacun inspire le drapeau de nombreux régiments servant dans la colonie. Et chacun alimente le sentiment d'appartenance à la mère-patrie, ce qui en fera la source d'une multitude de nouveaux drapeaux.

Jusqu'au début du dix-septième siècle, les pavillons britanniques portent typiquement des bandes horizontales et, dans le canton (le quartier supérieur gauche), le drapeau « national ». Les bandes disparaissent ensuite au profit d'une couleur unie. Quant au motif du canton, trois versions se succèdent : d'abord, la croix anglaise ou écossaise ; ensuite, la croix double de l'Union en 1707 ; enfin, la version contemporaine depuis 1801.

Le plus important de ces drapeaux de couleur unie est *le Red Ensign*, ou pavillon rouge (figure 21). Jusqu'en 1864, il bat sur les vaisseaux de guerre – souvent à titre de pavillon principal – comme sur les navires marchands. Par la suite, son usage sur mer se limite aux navires commerciaux, tandis que sur terre, cet usage n'est guère encadré. De tous les drapeaux britanniques en Amérique du Nord, le « *Red Duster* », comme on le surnomme, est de loin le plus commun.

Longtemps, la marine emploie aussi le *Blue Ensign*, ou pavillon bleu (figure 22). En 1864, toutefois, son usage est restreint à la *Royal Navy Reserve* et aux navires d'État à vocation civile. Dans ce dernier cas, les ministères ou organismes lui ajoutent leur insigne particulier. L'année suivante, Londres autorise chaque gouvernement colonial à hisser sur ses navires sa propre version du *Blue Ensign*, ornée de l'écu ou du cimier de la colonie.

En Amérique du Nord, le gouvernement canadien semble avoir été le premier, peu après la Confédération, à user de ce privilège[33]. Mais, malgré son statut de drapeau autorisé, le *Blue Ensign* canadien ne parvient jamais à gagner les cœurs, contrairement à ses versions australienne et néo-zélandaise. Par conséquent, en dehors d'occasions officielles, il ne sert que très rarement.

Comme le pavillon blanc français, le *White Ensign* (figure 23) constitue une variante unique comprenant, dans son cas, une croix de saint Georges pleine grandeur. Peu prestigieux au départ, ce pavillon prend du galon quand l'amiral Nelson le fait hisser sur tous ses vaisseaux avant la fameuse bataille de Trafalgar. En 1864, son prestige lui vaut de devenir, à de rares exceptions près, le drapeau exclusif de la *Royal Navy*.

Bien que le Canada ne dispose jamais de sa propre version du *White Ensign*, celui-ci sert longtemps de principal pavillon à la Marine royale canadienne, où il côtoie le *Blue Ensign* canadien, symbole du pays[34]. En outre, le *White Ensign* servira plus tard de base à certaines idées de drapeau national[35].

Les drapeaux coloniaux britanniques

Si les étendards, bannières et pavillons en tous genres sont nombreux à flotter sur l'Amérique du Nord britannique, ni celle-ci ni aucune de ses parties constituantes n'a de drapeau officiel avant la Confédération. Quelques colonies et territoires adoptent néanmoins, officieusement, une de leurs bannières locales, dont ils font un usage régulier. Ce mouvement touche les cinq colonies et territoires d'origine.

On doit ces premiers drapeaux « canadiens » à la CBH, qui gouverne la Terre de Rupert depuis Londres. Cette société dispose en fait d'une panoplie de bannières, dont deux des plus prisées sont l'étendard du gouverneur – les armoiries de la CBH sur champ blanc – et l'*Union Jack*, qu'elle peut hisser en vertu d'une autorisation spéciale. Mais aucune d'elles n'a l'importance du *Red Ensign* que la CBH s'est donnée (figure 24).

Selon la Compagnie, c'est son fondateur, le prince Rupert, cousin de Charles ii, qui a autorisé ce drapeau en 1682 en sa qualité de vice-amiral de la *Royal Navy*. Si c'est exact, les trois versions de son canton s'y sont forcément succédé. Mais en vérité, nul ne sait de quand il date, et les indices d'un usage avant le début du dix-neuvième siècle sont minces. Quoi qu'il en soit, la tradition a fini par associer la Terre de Rupert au *Red Ensign* de la CBH, qui surplombe encore aujourd'hui les lieux associés à son histoire[36].

Or, ce drapeau n'est jamais celui de la Terre de Rupert au sens strict. C'est seulement celui de la CBH, qui le plante partout où elle fonde ses comptoirs. Mais, comme cette compagnie, du point de vue britannique, est l'autorité politique sur place, sa bannière acquiert une valeur territoriale par la force des choses.

La situation est bien moins claire dans le Territoire du Nord-Ouest. Cette vaste région – qui englobe, grosso modo, tout ce que Londres revendique en dehors de ses colonies et territoires dûment constitués – n'a pas de gouvernement désigné. Par défaut, c'est la Compagnie du Nord-Ouest (CNO), rivale montréalaise de la CBH et pionnière britannique sur ces terres, qui remplit cette fonction. Et bien sûr, elle se dote elle aussi de sa version du *Red Ensign* (figure 25).

Ces actions ne sont pas tout à fait régulières. Certes, on a déjà vu des marchands ajouter leur insigne à un *Red Ensign*, mais la CNO n'en a pas l'autorisation, pas plus qu'elle n'a le droit d'agir en gouvernement. L'affirmation de son autorité s'accompagne de violences qui, de fil en aiguille, mènent la région à la guerre civile. Il faut que Londres force la CNO à fusionner avec la CBH en 1821 pour que revienne la paix. Dès lors, le *Red Ensign* de la CBH flotte sur les deux territoires jusqu'à ce que le jeune Dominion du Canada les achète en 1870.

Il s'ensuit que, bien avant la Confédération et l'adoption d'un *Red Ensign* canadien[37], la bannière rouge ornée d'un *Union Jack* dans le canton devient une sorte de gabarit en Amérique du Nord britannique. Il n'y a pas lieu de s'en étonner. D'abord, le *Red Ensign* est le drapeau britannique le plus commun dans le Canada colonial. Ensuite, les Britanno-Canadiens font du rouge leur couleur nationale, comme les Franco-Canadiens se sont autrefois reconnus dans le blanc. Et comme en Nouvelle-France, l'infanterie porte la couleur « nationale ».

Terre-Neuve, la dernière colonie à joindre la Confédération, connaît une évolution très semblable. L'histoire de ses drapeaux est d'ailleurs riche et ancienne. C'est qu'après avoir abrité les bannières de divers peuples et gouverneurs, cette colonie, comme le Québec, se met à imaginer, au dix-neuvième siècle, différentes versions d'un drapeau pour elle-même. La principale est le tricolore terre-neuvien à bandes verticales verte, blanche et rose[38]. Sa ressemblance avec le futur drapeau de l'Irlande n'est pas un hasard, car on peut interpréter les deux bannières à l'identique : le vert des catholiques, le rose (britannique) ou l'orange (irlandais) des protestants et, entre eux, le blanc de la paix.

Mais, tandis que la colonie évolue vers le statut de dominion, le drapeau officiellement adopté en 1904 n'est pas ce tricolore, mais le *Red Ensign* terre-neuvien (figure 26), décoré du sceau de la colonie. On y voit Mercure, dieu romain du commerce, présentant un pêcheur à la déesse Britannia. Tout autour, en latin, on peut lire : « Terre-Neuve – Voici les dons que je t'offre ». Il s'agit, au sens strict, d'une bannière marchande, mais, comme au Canada, on en généralise l'usage. Terre-Neuve a aussi son *Blue Ensign*, mais celui-ci sert rarement ailleurs que sur les navires de l'État.

La souveraineté du Dominion de Terre-Neuve est fragile et la visibilité de ses pavillons distinctifs en souffre. De fait, en 1931, à deux doigts de redevenir une colonie, il adopte l'*Union Jack*. Celui-ci conserve ce statut officiel jusqu'à son remplacement, en 1980, par une version stylisée faisant aussi place à divers symboles. Quant aux autres pavillons, s'ils gardent un statut officiel jusqu'en 1965, ils disparaissent en pratique du paysage après l'entrée de Terre-Neuve dans la Confédération. Ce qui ne disparaît pas, en revanche, c'est le tricolore vert-blanc-rose, qui devient même un symbole de ce qu'il reste de nationalisme dans l'identité terre-neuvienne.

Le *Red Ensign* ne joue aucun rôle dans le développement de drapeaux au Québec et en Nouvelle-Écosse avant la Confédération. La tradition vexillologique québécoise est française[39]. Sans surprise, celle de Nouvelle-Écosse est écossaise, et on lui doit non seulement le plus ancien drapeau provincial, mais l'un des plus admirés[40].

Le drapeau de la Nouvelle-Écosse découle des armoiries de celle-ci, concédées en 1625. On y voit l'écu royal d'Écosse sur une croix de saint André aux couleurs inversées (figure 27). Ce genre d'inversion chromatique est un moyen commun d'illustrer une descendance. Malgré ce qu'on a pu dire, ce drapeau ne date pas du dix-septième siècle. Les documents laissent plutôt entendre que la conversion de l'écu en bannière date de 1858. Quoi qu'il en soit, même si son existence est avérée à la Confédération, le drapeau semble ne flotter que sporadiquement dans les décennies qui suivent.

Pourquoi l'aperçoit-on si rarement à cette époque ? Nul ne le sait vraiment. Peut-être l'explication se trouve-t-elle dans l'impopularité initiale de la Confédération en Nouvelle-Écosse. Presque tous les politiciens en sa faveur, fédéraux comme provinciaux, sont d'ailleurs défaits aux élections de 1867. C'est dans ce contexte que la Province, l'année suivante, se fait concéder de nouvelles armoiries très différentes. Or, à mesure que les Néo-Écossais se provincialisent, il se peut qu'ils associent négativement l'ancien écu et son drapeau au séparatisme.

Les armoiries d'origine font toutefois un retour en force, et leur richesse symbolique et esthétique y est certainement pour beaucoup. En 1929, la province obtient leur rétablissement par mandat royal. Au même moment, les emplois de la bannière se généralisent, y compris en contextes officiels. Ce n'est pourtant qu'en 2013 qu'une loi en fait de celle-ci le drapeau provincial officiel.

Les drapeaux provinciaux d'héritage britannique

En matière de drapeau, la Nouvelle-Écosse et le Québec ont une bonne longueur d'avance sur les autres provinces et territoires. Ceux-ci ne commencent en effet qu'en 1960 à s'intéresser à la question, et tous, à l'exception des Territoires du Nord-Ouest et du Nunavut, puisent les symboles, les motifs et les couleurs de leurs drapeaux dans la période britannique.

Cela dit, seuls deux choisissent, comme la Nouvelle-Écosse et le Québec, de se baser explicitement sur un drapeau historique. Il s'agit de l'Ontario et du Manitoba, qui, dans les deux cas, prennent pour référence le *Red Ensign*.

Le chapitre suivant le montrera : c'est après la Confédération que s'approfondit l'attachement des Britanno-Canadiens au *Red Ensign*. Avec le temps, une version au battant chargé de l'écu évolutif du Canada devient la bannière officieuse du pays, et sa popularité ne faiblit pas. Pour preuve, l'adoption de l'unifolié en 1965 se heurte à l'opposition d'une minorité substantielle de Canadiens anglophones. La plupart d'entre eux auraient préféré qu'Ottawa jette son dévolu sur le *Red Ensign* canadien.

C'est dans ce contexte que l'Ontario et le Manitoba créent leur propre drapeau. Leur choix est en partie une réaction au rejet du *Red Ensign* canadien comme drapeau national. L'absence de tout statut officiel pour cette bannière à valeur historique et sentimentale est une autre raison[41].

L'Ontario se contente de remplacer l'écu du Canada par le sien (figure 28). Cet écu est celui que la reine Victoria lui a concédé, comme aux trois autres provinces, à la formation de la Confédération. Sous la croix de saint

Georges, on aperçoit trois feuilles d'érable d'or unies par la tige sur champ vert. La partie haute rappelle le patrimoine de langue anglaise de l'Ontario, tandis que la partie basse arbore le symbole provincial officiel.

Le drapeau du Manitoba (figure 29) suit le même modèle, celui d'un *Red Ensign* orné de l'écu provincial à la place de l'écu canadien. Les armoiries du Manitoba datent de 1905, quoiqu'une version élémentaire est employée informellement dès la naissance de la province en 1870. L'écu manitobain rappelle son pendant ontarien : une croix de saint Georges et, plus bas, sur champ vert, un bison brun sur un rocher. Ce symbole animalier est un héritage du drapeau du gouvernement rebelle de Louis Riel, en 1869–1870[42].

Les vexillologues se sont montrés sévères avec ces drapeaux sous deux aspects[43]. D'abord, les éléments caractéristiques – les écus provinciaux – sont plutôt petits et difficiles à distinguer l'un de l'autre. À moins de s'approcher, on ne peut pas nécessairement savoir d'emblée à quelle province chaque drapeau se rapporte. Cette critique est donc recevable.

En revanche, le second point est contestable. On reproche en effet au *Red Ensign* de constituer, pour l'essentiel, le drapeau d'un autre pays. Or, cette opinion fait fi du contexte historique, à savoir que cette bannière, sous différentes versions, bat au Canada depuis des siècles. Pour cette raison, bien des Canadiens y voient un symbole distinctif de leur pays. Ce n'est d'ailleurs nulle part aussi vrai qu'en Ontario et au Manitoba, où la présence du *Red Ensign*, datant du début de la traite des fourrures, est la plus ancienne.

J'ai écrit plus haut que le symbolisme britannique restait prédominant dans les emblèmes d'État au Canada. Ce n'est pas seulement le cas à l'échelle provinciale, comme le montre le cas du *Red Ensign*. Ce dernier, par exemple, est à la base de la bannière de nombreux régiments. Mais ce n'est pas le seul, certaines unités préférant se tourner vers le *Blue Ensign* ou un autre drapeau britannique.

Je termine par le cas, digne de mention, de la Première Nation Tsuut'ina, dont la réserve se trouve tout près de chez moi, en Alberta. Son drapeau officiel est lui aussi un *Red Ensign*, mais au battant orné de l'écusson de la communauté. Il s'agit là d'un exemple parmi d'autres des liens, concrets comme symboliques, que maintiennent les Autochtones et la Couronne[44].

Le drapeau des États-Unis

Nous sommes en 1986. Une controverse bat son plein au sujet des nouveaux billets de la Banque du Canada. Des citoyens outrés croient y reconnaître le drapeau des États-Unis au-dessus du Parlement ! L'examen attentif de l'illustration confirme pourtant qu'il s'agit bel et bien du *Red Ensign* canadien.

Paradoxalement, la controverse éclate en partie parce que l'administration fédérale, pour une rare fois, s'est souciée d'exactitude historique. L'édifice illustré sur les billets n'est pas l'actuelle tour de la Paix, mais la tour Victoria lors de la première législature, que les flammes ravageront en 1916. Y figure aussi, comme il se doit, le drapeau en vigueur après la Confédération.

Au cœur de ce malentendu se cache en fait une vérité historique fondamentale. Cette vérité, c'est que le drapeau des États-Unis et les premiers drapeaux canadiens ont une origine commune : le *Red Ensign*.

Pour le démontrer, je commencerai par un dessin du *Red Ensign* au début de la Révolution américaine, soit celui de 1707 (figure 30). Pour faciliter les comparaisons, ce dessin reprend les dimensions du drapeau actuel des États-Unis. Je le rappelle : la forme des drapeaux change à travers les époques. Le *Red Ensign* de ces années est plus carré que sur le dessin, et son canton occupe bien moins qu'un quartier complet comme c'est le cas aujourd'hui.

De ce *Red Ensign* au drapeau initial des États-Unis, adopté vers la fin de l'année 1775, il n'y a qu'un pas. Car à vrai dire, ce *Grand Union Flag*, aussi appelé *Continental Colors* (figure 31), n'est qu'un « *Red Duster* » modifié : son canton arbore l'ancien *Union Jack* tandis que six bandes blanches horizontales brisent son champ rouge. Les treize bandes que le champ se trouve à porter sont évidemment un symbole des treize colonies rebelles.

Ce drapeau, d'autres l'ont noté, est presque identique à celui de la Compagnie des Indes orientales. À l'époque, cette dernière se distingue par sa fidélité à sa bannière à bandes, un style devenu désuet au dix-septième siècle. Les bandes y sont en nombre impair, de neuf à quinze, et alternent le rouge et le blanc. Sauf que cette bannière ne flotte pas de ce côté-ci de l'Atlantique. De plus, la compagnie inspire peu de sympathie, car elle est associée malgré elle au fameux Boston Tea Party. Tout laisse donc croire que la similitude des deux drapeaux est fortuite. On sait en revanche que certains drapeaux coloniaux locaux et quelques bannières de la milice rebelle s'inspirent ouvertement du *Red Ensign*.

Les *Continental Colors* illustrent à merveille les aspirations initiales des colons mécontents : que le roi reconnaisse et respecte leurs droits historiques en tant que sujets britanniques. Or, devant l'évidence que ça n'arrivera pas, le but de la Révolution devient l'indépendance politique. Et forcément, il faut un drapeau neuf.

En 1777, le Congrès continental autorise la nouvelle bannière (figure 32). À la place de l'*Union Jack*, le canton accueille une constellation de treize étoiles blanches sur champ d'azur. Il faut un certain temps pour que la disposition des étoiles, le nombre de leurs pointes et d'autres aspects se standardisent. Pendant cette période de flottement, un des principaux traits esthétiques du drapeau est même transformé.

L'intention première des créateurs est d'accroître le nombre d'étoiles et de bandes à mesure que de nouveaux États rejoignent l'Union. Dans cet esprit, en 1795, le nombre des unes et des autres passe à quinze. C'est à ce drapeau que Francis Scott Key dédie son poème *The Star-Spangled Banner* (La bannière étoilée). Néanmoins, en 1818, devant la perspective d'avoir un drapeau pour vingt États, le Congrès décide de revenir définitivement à treize bandes et de n'accroître que le nombre d'étoiles. Le drapeau national des États-Unis allie donc, aujourd'hui, cinquante étoiles et treize bandes (figure 33).

La tradition vexillologique britannique ne disparaît pas entièrement des États-Unis. Avec ses bandes horizontales, le drapeau d'Hawaï est la manifestation la plus nette de sa survivance. Plus au nord, en revanche, sur ce territoire autrefois dominé par la Nouvelle-France et la CBH, le *Red Ensign* et les autres drapeaux britanniques sont partout. Après la Confédération de 1867, ils se trouvent même au cœur d'une série de débats pancanadiens sur ce à quoi un authentique drapeau national canadien devrait ressembler.

3

Le drapeau du Canada et son émergence

UN SYMBOLE DU Nouveau Monde émerge dès les années 1600 dans les avant-postes coloniaux nord-américains : le castor. C'est que ce petit animal industrieux est la pièce centrale de la traite des fourrures des Français et des Britanniques. Son pelage fait fureur parmi les riches Européens. En outre, on le retrouve partout, car son habitat couvre l'ensemble du continent à l'exception des régions polaires.

Après 1821, le castor commence lentement à perdre son statut de principal symbole canadien. Cette année-là, rappelons-le, la Compagnie de la Baie d'Hudson absorbe sa rivale du Nord-Ouest – ce qui signifie que c'est Londres, plutôt que Montréal, qui dirige désormais la traite des fourrures. Du reste, au Canada, on se demande si un rongeur a la majesté voulue pour servir d'emblème national suprême[45].

Le recul du castor profite à la feuille d'érable. Il semblerait que les francophones et les anglophones se soient approprié les uns et les autres ce symbole dès le début du dix-neuvième siècle[46]. Par sa son panache et la richesse de ses couleurs, la feuille de l'érable à sucre sait plaire. Son principal défaut est de ne pousser que dans le sud-est de l'Amérique du Nord britannique. Mais, comme c'est là que vit presque toute la population coloniale, cet inconvénient ne pèse pas lourd dans la balance.

À la lumière de ce qui précède, une question s'impose : si le principal symbole du Canada existe depuis si longtemps, pourquoi n'est-il pas choisi plus tôt pour orner un drapeau national ? La réponse tient à la nature de l'identité canadienne. Au dix-huitième siècle, c'est d'un trait de plume que le Canada français devient britannique. En revanche, c'est petit à petit que le Canada britannique s'émancipe. Ce processus, jumelé à la complexité culturelle du pays, signifie que le choix d'un emblème national se heurtera toujours à des conceptions différentes et changeantes du pays.

Je ne retracerai pas ici l'évolution par laquelle un groupe de colonies britanniques distinctes devient un État uni et souverain, le Canada. Disons seulement que celle-ci est longue, jalonnée d'étapes, et désirée à la fois par le Canada lui-même et par le Royaume-Uni. Mais une année mérite qu'on s'y attarde. En 1867, en effet, quatre des provinces de l'Amérique du Nord britannique créent une fédération et, par elle, se dotent de leur propre État[47].

Six ans plus tard, le Dominion du Canada rassemble presque toute l'Amérique du Nord britannique (figure 34)[48]. Le cadre constitutionnel sommaire et les principales institutions du pays actuel sont en place. De fait, malgré sa relative jeunesse, le Canada compte aujourd'hui parmi les pays du monde dont le système politique est le plus ancien.

C'est dans ce contexte que se déroulent les débats sur le drapeau, ou plutôt les quatre rondes de débats. Parlement, médias, institutions privées... toutes les tribunes sont mises à profit. Au fil des décennies, les propositions de drapeaux s'accumulent par milliers. Or, à peine quelques-unes obtiennent un écho dans la société. Elles seront l'objet de ce chapitre.

Le débat sur le drapeau de 1867 à 1918

C'est en 1870 que sont autorisés les premiers drapeaux officiels du nouveau Dominion du Canada. Ils s'articulent autour de l'écu original de ce dernier qui, écartelé, combine les écus des quatre provinces fondatrices (figure 35). Ceux-ci ont été conçus lors des préparatifs de l'avènement de la Confédération et concédés par la reine Victoria en 1868. L'élément le plus notable est la présence d'une tige à trois feuilles d'érable d'or (sur les armes de l'Ontario) ou vertes (sur celles du Québec). Les feuilles ont quinze pointes, comme le veut la norme du temps.

Sauf celui de l'Ontario, ces écus sont différents de ceux des armoiries provinciales actuelles. En 1929, d'abord, la Nouvelle-Écosse remanie entièrement son écu[49]. Dix ans plus tard, le Québec modifie le chef – la partie supérieure – du sien pour y mettre le symbole traditionnel de la France royale, trois fleurs de lis d'or sur champ d'azur. Précisons que Victoria elle-même avait préféré un chef à deux fleurs de lis d'azur sur champ d'or pour garantir à Napoléon iii qu'elle n'entretenait aucune visée sur le trône de France. Quant à l'écu du Nouveau-Brunswick, sa seule révision est mineure : en 1965, le navire change de direction, conformément aux règles héraldiques.

L'une des nouvelles bannières autorisées est le drapeau du gouverneur général. Il s'agit d'un *Union Jack* au centre duquel, sur un disque blanc, repose l'écu du Dominion, ceint d'une guirlande de feuilles d'érable vertes et surmonté d'une couronne. Chaque lieutenant-gouverneur a droit à un drapeau semblable, mais arborant un écu provincial non couronné.

Parmi les drapeaux autorisés se trouve aussi le *Blue Ensign* canadien. Cette version du *Blue Ensign* est chargée d'un simple écu du Dominion au battant. Réservée aux vaisseaux de l'État fédéral, elle sert rarement à d'autres fins[50].

Bien qu'aucun *Red Ensign* canadien (figure 36) n'ait été sanctionné, on en voit souvent flotter dans les premières années de la Confédération. Le premier ministre John A. Macdonald l'emploie même, de fait plutôt que de droit, comme bannière du nouveau Dominion. Et avec sa bénédiction, le *Red Ensign* bat au-dessus des édifices du Parlement, à Ottawa, d'entrée de jeu ou presque.

Cela dit, obtenir la reconnaissance formelle de ce drapeau n'est pas simple. En principe, il suffirait de faire reconnaître son usage maritime. Macdonald tente donc de le faire désigner pavillon de la marine marchande du Canada. En vain, car l'amirauté britannique oppose une fin de non-recevoir en 1875.

Le premier ministre revient à la charge en 1890. Cette fois, il s'appuie sur une vive campagne populaire de soutien à l'emploi de ce drapeau. Mais il peut aussi faire valoir l'appui du gouverneur général, lord Stanley. Car, comme l'explique celui-ci au gouvernement de Londres, sur terre comme en mer, le *Red Ensign* canadien est désormais vu comme le vrai drapeau du Dominion[51]. En 1892, l'année suivant la mort de Macdonald, l'amirauté britannique consent enfin à lui reconnaître son statut de drapeau officiel.

Si cette étape ne prélude pas à l'adoption du *Red Ensign* canadien comme drapeau national, c'est qu'il subsiste un problème de taille : on ne s'entend pas sur sa composition. Je ne parle pas seulement des nombreuses versions fabriquées, où se côtoient guirlandes, couronnes, disques, castors et ornementations diverses autour de l'écu. L'écu lui-même fait l'objet de multiples versions.

Le grand problème de l'écu y est l'absence des provinces ayant joint la Confédération après 1867. Des fabricants de drapeaux tentent donc de rectifier la situation en créant des modèles intégrant les écus des nouvelles provinces, et parfois même des territoires. Dans le cas des provinces n'ayant pas d'écu officiel, on se rabat sur les propositions de simples citoyens.

Une célèbre affiche électorale de la dernière campagne de Macdonald, en 1891, illustre bien le problème. On y voit le « vieux chef » brandissant son « vieux drapeau » (figure 37). Mais celui-ci n'est qu'un *Red Ensign* ordinaire, sans écu au battant, même si le Canada compte déjà sept provinces. Prudent, sir John évite de se mouiller.

En 1905, la Confédération compte neuf provinces qui, deux ans plus tard, disposent toutes de leurs armoiries officielles (figure 38). Les drapeaux faisant place à toutes les neuf deviennent communs (figure 39), même si celles-ci n'y figurent pas toujours dans le bon ordre et si, à nouveau, des symboles y sont parfois ajoutés. Aucun d'eux n'a toutefois de statut officiel : la seule version autorisée est celle où figurent les quatre provinces d'origine.

Un écu représentant neuf provinces et jumelant une vingtaine d'éléments graphiques est forcément trop chargé. Des idées d'amélioration sont donc avancées. Quelques personnes bien en vue suggèrent même de remplacer l'écu par une feuille d'érable, qui pourrait être soit verte, soit jaune (c'est-à-dire d'or, en héraldique), et soit seule, soit en trio. Étonnamment, ces suggestions ne suscitent à peu près aucun intérêt. Peut-être est-ce dû au fait que le véritable rival du *Red Ensign* canadien est l'*Union Jack*, à l'esthétique plus simple encore.

Car, aussi bien engagé soit-il sur la voie de l'autonomie, le Canada n'en reste pas moins un membre à part entière de l'Empire britannique. N'est-ce pas ce que les Canadiens de toutes origines désirent depuis la Révolution américaine ? À côté d'un voisin immense et parfois hostile, se savoir appartenir au « plus vaste empire de l'histoire », comme on dit alors, est source de sécurité. Nous le savons, la crainte de l'armée nordiste, victorieuse de la guerre de Sécession aux États-Unis, a été la raison forte du regroupement en confédération de gens et de régions aussi disparates.

Ainsi, le drapeau qui symbolise le plus directement l'appartenance nationale britannique a ses partisans au Canada depuis le début. Leur nombre explose d'ailleurs en 1897, à l'occasion du jubilé de diamant de la reine Victoria. L'*Union Jack*, simple étendard royal à l'origine, devient un authentique drapeau national. Les Canadiens en liesse le brandissent lors des festivités, alors même que l'Empire est au faîte de sa puissance et de sa gloire.

Le premier grand débat sur le drapeau national s'engage pour de vrai. Le *Red Ensign* canadien, malgré certaines faiblesses graphiques, a ses défenseurs parce qu'il symbolise l'identité distincte du pays. Face à lui, l'*Union Jack* appelle à la loyauté à quelque chose de plus grand.

Un moment décisif survient en 1899, quand éclate la guerre des Boers ou, plus justement, la guerre d'Afrique du Sud. Les Canadiens anglophones contribuent avec éclat à la victoire britannique. Bouffis d'orgueil impérialiste, les nationalistes exubérants sont de plus en plus nombreux à se revendiquer de l'*Union Jack*. En 1904, ce dernier remplace même le *Red Ensign* canadien au sommet des édifices du Parlement, à Ottawa.

Ironiquement, la rétrogradation du « drapeau canadien » est surtout dénoncée par un nationaliste du Québec, le député libéral fédéral Henri Bourassa[52]. Il faut savoir que les francophones ne voient pas la conquête des Boers du même œil. Au Québec (et ailleurs dans le monde), on retient que la machine de guerre britannique a écrasé une petite nation indépendante. Par conséquent, quand les anglophones commencent à délaisser le *Red Ensign* canadien au profit de l'*Union Jack*, les francophones partent à la recherche d'une bannière bien à eux. Ce sera le Carillon Sacré-Cœur[53].

On a longtemps cru qu'aucun drapeau purement canadien n'avait été proposé lors des débats de ces années. Mon frère Grant a pourtant découvert un macaron de 1899 pour l'indépendance du Canada où l'on voit un drapeau à feuilles d'érable (figure 40). Son apparence n'est pas si loin de celle de l'unifolié. Cela dit, il y a peu de raisons de croire que cette proposition ou une autre ait été prise au sérieux à l'époque[54].

Le débat entre *Union Jack* et *Red Ensign* canadien se poursuit durant la Première Guerre mondiale, sans vraiment aboutir. Grosso modo, il s'agit de déterminer lequel est *le* drapeau « officiel » du Canada. Or, la réponse est : ni l'un ni l'autre. Le premier est le drapeau reconnu des institutions d'État britanniques ; le second est le pavillon, consacré par la loi, des navires marchands canadiens. Les deux sont d'usage commun, et si une majorité de la population voit dans l'*Union Jack* un drapeau national, c'est le *Red Ensign* canadien qui rallie les partisans de l'autonomie canadienne.

Le débat sur le drapeau de 1918 à 1945

Le grand carnage de 14–18 bouleverse la société de mille façons. Il laisse l'Empire britannique irrémédiablement affaibli. Il enclenche le processus qui fera passer le Canada d'entité politique autonome à pays vraiment indépendant. Il modifie même la géopolitique nord-américaine : en 1917, en effet, après que les Américains rejoignent les Canadiens sur le champ de bataille, les voisins naguère méfiants deviennent des alliés de confiance.

Participant à la négociation du traité de Versailles en son propre nom, le Canada est désormais bien engagé vers sa pleine souveraineté. En un sens, l'émergence d'une identité typiquement canadienne durant la guerre en a été le présage. Sur la crête de Vimy en particulier, une armée constituée de soldats de toutes les régions du pays et dirigée par un Canadien a remporté sous l'*Union Jack* et le *Red Ensign* canadien une victoire spectaculaire.

La nouvelle nation cherche naturellement à se projeter dans des symboles bien à elle. De ce point de vue, sa priorité est de se doter d'armoiries plus éloquentes qu'une simple courtepointe d'écus provinciaux. Un dessin est adopté en 1921. L'écu y réunit cinq éléments, soit les écus royaux d'Angleterre, d'Écosse, d'Irlande et de France, ainsi qu'une tige à trois feuilles d'érable, qui symbolise le Canada lui-même (figure 41).

L'ensemble est assez joli, mais un peu confondant. Si cela se veut un écu royal, pourquoi y inclure un symbole français, sachant que le monarque ne revendique pas le trône de France, ni comme roi de Grande-Bretagne ni comme roi du Canada ? S'il s'agit de représenter les peuples fondateurs, pourquoi y mettre l'Irlande, sachant que ce royaume, nonobstant le grand nombre de colons partis de ses rives, n'a pas fondé de colonie au Canada ? Et si le but est de figurer la population du Canada en général, pourquoi ne pas reconnaître d'autres origines que les îles britanniques et la France, pas même les nations autochtones ?

La feuille d'érable comme métaphore du Canada est déjà un lieu commun, à cette époque. D'ailleurs, l'omniprésence de ce symbole sur les uniformes durant la Grande Guerre n'a fait que renforcer ce lien. Les feuilles ne sont pas toujours représentées à l'identique, mais le nombre de leurs pointes est réduit à treize. Leur présence en trio sur l'écu canadien est purement esthétique. On juge trop dégarni le fait d'avoir une seule feuille (comme autrefois, dans le cas des écus ontarien et québécois), mais aussi trop chargé d'en avoir neuf, à raison d'une par province.

Mais si l'emploi des feuilles d'érable est convenu, leur couleur sur les nouvelles armoiries du Canada ne va pas de soi. Elles sont vertes sur champ d'argent (c'est-à-dire sur fond blanc ou argenté). Le vert a pourtant déjà été assigné aux feuilles de l'écu du Québec, encore que les siennes soient sur champ d'or (c'est-à-dire sur fond jaune ou doré). Par contraste, la torque et les lambrequins, normalement associés aux couleurs de l'État, sont rouges et blancs. Quant au lion en cimier, il tient une seule feuille d'érable rouge.

Il semble donc que les fonctionnaires qui conçurent les armoiries aient voulu que les couleurs du Canada soient le rouge et le blanc. Pourquoi, alors, le symbole du pays sur l'écu est-il vert sur fond blanc ou argenté ? La réponse, semble-t-il, tiendrait à une intervention en ce sens de l'entourage de Robert Borden et d'Arthur Meighen, voire d'un de ces premiers ministres eux-mêmes. À leurs yeux, le vert rappelle la jeunesse et la vitalité, alors que le rouge, sur une feuille d'érable, évoque la mort prochaine.

Nul ne sait vraiment pourquoi, par-delà de vagues allusions au sang et à la neige, le rouge et le blanc sont choisis comme couleurs du Canada. Notons toutefois que la première médaille royale frappée après la Confédération – pour commémorer la suppression des raids des fenians – viendra avec un ruban rouge-blanc-rouge. À leur tour, ces couleurs deviendront celles du Collège militaire royal, à Kingston, et de son drapeau.

Logiquement, l'étape suivante consiste à substituer les nouvelles armoiries aux anciennes sur les drapeaux du Canada. Dans l'année qui suit, l'étendard du gouverneur général, le *Blue Ensign* canadien et le *Red Ensign* canadien (figure 42) sont tous trois modernisés comme il se doit. Le gouvernement fédéral profite d'ailleurs de l'occasion pour relever le statut du pavillon de la marine marchande.

Le Canada décrète en effet, en 1924, l'obligation de faire flotter son *Red Ensign* au-dessus de tous ses édifices à l'étranger. Il s'agit en quelque sorte de généraliser une pratique encore limitée. Car, dans le passé, même si l'*Union Jack* avait généralement servi de drapeau canadien ici même, on avait souvent eu recours au *Red Ensign* canadien à l'étranger pour bien distinguer le Canada du Royaume-Uni.

Ottawa ne semble pas vouloir s'arrêter là. L'année suivante, le cabinet réunit un comité de hauts fonctionnaires avec le mandat d'étudier en catimini des options de drapeau « typiquement » canadien. Or, l'affaire finit par être éventée, ce qui provoque le déchaînement des Furies.

La nature secrète et non représentative du comité vaut au gouvernement une volée de bois vert. Rien de tel ne s'était produit quand il s'agissait de concevoir des armoiries. Mais des armoiries ne sont pas un drapeau ; elles ne suscitent pas les mêmes passions. Pour les partisans de l'*Union Jack* comme du *Red Ensign* canadien, l'idée même de réfléchir à la question ne passe pas.

Le premier ministre Mackenzie King se trouve dans une situation précaire aux Communes, sans compter qu'une élection générale se pointe à l'horizon. Sans surprise, King s'empresse de battre en retraite. Le comité est dissous et le premier ministre s'engage, si jamais la question refait surface, à la soumettre d'abord au Parlement.

Et de fait, la question refait surface. Dans les années suivantes, une poignée de débats sur des résolutions de drapeau animent le Parlement. Ce sera surtout vrai après 1931, l'année où le Canada devient légalement souverain en vertu du Statut de Westminster. Cette année est aussi celle de la révision de l'étendard du gouverneur général.

Dans sa nouvelle mouture, l'étendard troque son *Union Jack* en arrière-plan pour un fond bleu uni. À terme, les drapeaux de tous les lieutenants-gouverneurs reprendront ce modèle[55]. Mais, étonnamment, Mackenzie King emploiera une fois l'*Union Jack*, enrichi d'une feuille d'érable verte en son centre, comme drapeau de premier ministre[56].

En marge de l'arène politique, le concept de drapeau canadien fait parler. Les journaux et magazines le commentent et organisent des concours de dessin. Des passionnés publient d'eux-mêmes leurs suggestions. Ces concepts, dont très peu retiennent l'attention, se rejoignent souvent par leurs thèmes. Leur symbolisme est invariablement plus frappant et moins complexe que le *Red Ensign* canadien. Il est aussi plutôt sympathique à l'idée des deux peuples fondateurs.

Sur ce plan, les modèles semblent labourer le même sillon que le comité avorté de 1925. En 1939, en effet, le gouvernement fédéral déploie son nouveau « pavillon de l'Armée active du Canada », mieux connu sous le nom de drapeau de combat de l'Armée canadienne (figure 43). Or, ce dernier, œuvre du colonel Fortescue Duguid, date du temps du comité[57]. Et lui aussi s'inscrit dans le paradigme des deux peuples fondateurs.

Ce drapeau de combat est intelligemment pensé. Avec son *Union Jack* d'un côté et sa version ovale de l'écu royal de France de l'autre, le tout sur fond blanc, il s'apparente à un drapeau binational. Mais on peut aussi y voir, tout simplement, une version canadienne du *White Ensign* britannique.

Cela dit, l'élément le plus notable de ce drapeau est le trio de feuilles d'érable qui domine le centre. Pour la première fois sur une bannière nationale, la prééminence est donnée à un symbole purement canadien. Notons aussi que les feuilles sont rouges, bien qu'elles restent vertes sur les armoiries. Le choix de cette teinte est un indice de plus des influences bureaucratiques dans sa création.

Le drapeau de combat de l'Armée canadienne est le premier concurrent sérieux de l'*Union Jack* et du *Red Ensign* canadien. Le fait que le gouvernement fédéral en est le plus grand promoteur n'y est certainement pas étranger. Au départ, ce drapeau accompagne les troupes qui partent pour l'Europe, où la Seconde Guerre mondiale fait rage. Mais Ottawa cherche ensuite des occasions de le déployer publiquement, car King, dit-on, l'adore. Des exemplaires de différentes dimensions sont produits, dont beaucoup existent encore de nos jours.

Malgré la volonté politique, le succès populaire n'est pas au rendez-vous, et l'usage militaire du drapeau de combat de l'Armée canadienne diminue graduellement au profit du *Red Ensign* canadien. La présence des feuilles d'érable comme symbole dominant a été bien reçue, mais le graphisme d'ensemble a quelque chose d'encombré. En outre, il se peut que l'évocation des deux peuples fondateurs ne parle plus autant aux anglophones comme aux francophones.

Les anglophones qui chérissent le lien avec la Grande-Bretagne ne trouvent aucun équivalent avec la France. Après tout, les institutions politiques du Canada sont britanniques, pas françaises. Le rapport avec la France relève de l'histoire, tandis que celui avec la Grande-Bretagne est profond et durable. Et bien que le pays soit passé d'entité autonome au sein de l'Empire à membre indépendant du *Commonwealth*, la « britannité » reste au cœur de l'identité politique de nombreux Canadiens anglais.

Pour les francophones, par contraste, être français tient de l'identité culturelle et non politique. Il y a longtemps que leur mère-patrie n'est plus la France, mais le Canada. Les Canadiens français se reconnaissent dans le Carillon Sacré-Cœur, la bannière officielle de la Société Saint-Jean-Baptiste[58]. Pour un drapeau applicable à tout le pays, ils semblent donc préférer un symbolisme strictement canadien.

Pour ces raisons, l'échec du drapeau de combat de l'Armée canadienne sonne le glas, à toutes fins utiles, des modèles de drapeau national inspirés des deux peuples fondateurs. Certes, de tels modèles seront proposés jusqu'aux ultimes délibérations dans les années 1960, mais aucun ne sera jamais un prétendant sérieux.

Le second débat sur le drapeau s'essouffle avec l'intensification des combats en Europe. Le *Red Ensign* canadien est désormais l'égal de l'*Union Jack*. Non seulement les réticences sur son apparence se sont évanouies avec le nouvel écu, mais Ottawa multiplie ses usages officiels. En outre, il profite de la nouvelle souveraineté du pays et du changement de perspective qui en découle. La feuille d'érable, symbole typiquement canadien, n'y est pas en évidence, mais l'option audacieuse, le drapeau de combat, n'a clairement pas su le remplacer dans les cœurs.

Le débat sur le drapeau de 1945 à 1957

La Seconde Guerre mondiale bouleverse la place du Canada dans le monde. Le pays entre en guerre de son propre chef et dicte lui-même les termes de sa participation, mais il y a plus. Les rôles historiques sont renversés, et c'est le Canada qui vole au secours du Royaume-Uni lors de la bataille d'Angleterre de 1940. Cette même année, le pays conclut un pacte de défense mutuelle avec les États-Unis, qui deviendront le plus vital de ses alliés. Les conséquences de ce réalignement stratégique ne seront bien comprises que plus tard.

Quoi qu'il en soit, les armes se sont à peine tues que le débat sur le drapeau reprend. Il faut dire que les années de guerre ont servi à préparer le terrain. Plus le conflit s'étirait et plus le *Red Ensign* canadien – plutôt que le drapeau de combat, l'*Union Jack* ou toute autre bannière militaire – s'imposait comme symbole de l'effort de guerre et du sentiment national. C'est aussi lui qui accompagnait les dirigeants canadiens chaque fois que les Alliés se rencontraient.

Peu de temps après la capitulation définitive des puissances de l'Axe en 1945, le gouvernement King autorise le déploiement du *Red Ensign* canadien au-dessus de tous les édifices fédéraux d'ici à ce que le Parlement adopte officiellement un drapeau national[59]. Une poignée d'adeptes de l'*Union Jack* proteste avec énergie, mais même l'opposition conservatrice en Chambre se range en masse derrière la décision. Pour tout dire, elle entreprend même de presser le premier ministre de faire du *Red Ensign* canadien le drapeau officiel.

Cette fois, King agit sans attendre et crée un comité parlementaire mixte pour se pencher sur la question. Le comité reçoit au-delà de 2 500 propositions, plus de dix fois le nombre d'idées soumises en 1925. L'*Union Jack*, l'étoile, la fleur de lis, le castor et la croix sont parmi les motifs les plus communs. Cependant, aucun n'arrive à la cheville de la feuille d'érable, qui figure dans quelque 60 % des modèles de drapeau.

Les faits semblent confirmer à King la justesse de son instinct. L'opinion publique, croit-il, est de plus en plus séduite par le *Red Ensign* canadien, mais elle désire un symbolisme plus fort et plus typique du Canada. En coulisses, il tente donc d'amener le comité à retenir le modèle que lui-même préfère.

Ce modèle, c'est un nouveau *Red Ensign* canadien avec une seule grosse feuille d'érable d'or au battant à la place de l'écu (figure 44). Les premières suggestions en ce genre, on s'en souviendra, remontent aux années 1890. Dans le cas présent, la version proposée, très nervurée, est déroutante et, disons-le, peu agréable à l'œil[60].

La vérité est que l'opinion publique évolue plus vite que ne l'imaginait le rusé premier ministre. Pour preuve, une campagne populaire se met en branle pour mousser une candidature bien différente, imaginée par la Ligue du drapeau national (figure 45). Fait à noter, le drapeau que propose cette organisation très largement francophone jouit aussi de l'appui d'une organisation anglophone, les Native Sons of Canada.

Les couleurs de ce drapeau n'ont pas été choisies au hasard. Le rouge et le blanc, explique la Ligue, sont les teintes traditionnelles des Canadiens britanniques et des Canadiens français, respectivement. Cette raison semble bien plus vraisemblable que tout ce qu'on a pu dire, en 1921, au moment de plaider pour une telle combinaison chromatique. La Ligue propose une évocation à la fois forte et subtile du passé binational. Le seul symbole est une unique feuille d'érable verte. Cette teinte entend signifier la nature – sans compter que les feuilles des armes canadiennes sont toujours vertes.

Au cours de l'année 1946, un consensus se forme au comité en faveur du *Red Ensign* canadien simplifié. Les citoyens ne voient pas les choses du même œil : ils sont nombreux à écrire au gouvernement, et presque la moitié dit préférer la proposition de la Ligue du drapeau national. C'est alors qu'Ottawa essuie une charge surprise en provenance de Québec : par vote préventif, l'Assemblée législative rejette tout drapeau canadien orné d'un symbole colonial. Il s'agit d'une attaque claire contre l'éventuelle inclusion de l'*Union Jack*.

Dans ce contexte, King décide de ne pas donner suite à la recommandation du comité. L'opinion publique est déjà divisée, sent-il ; pas question de risquer la fracture sociale. Comme en 1925, le premier ministre met fin au débat parlementaire. S'il ne peut empêcher ses concitoyens de poursuivre la polémique, lui-même entend bien ne plus s'en mêler.

Sur un demi-siècle, la dynamique autour du *Red Ensign* canadien est proprement fascinante. Vers 1900, les anglophones le subordonnaient à l'*Union Jack* alors que les francophones étaient prêts à l'adopter. Vingt-cinq ans plus tard, quand les premiers y voyaient l'égal de l'*Union Jack*, les seconds ne pouvaient le tolérer que s'il évoquait la France autant que le Royaume-Uni. Et vers 1950, maintenant que les anglophones y adhèrent massivement, les francophones le jugent inacceptable. Non seulement cette dynamique empêche l'émergence à Ottawa d'un drapeau canadien, mais elle crée un consensus à Québec autour d'un drapeau québécois.

L'autre option, un drapeau basé sur un symbolisme purement canadien, ne parvient pas davantage à rassembler l'opinion. Néanmoins, et malgré son manque d'appuis en haut lieu, la version de la Ligue du drapeau national réussit à s'imposer comme principal rival des modèles traditionnels. En outre, par son concept, ce drapeau est indubitablement le prédécesseur de notre futur drapeau national.

Le débat sur le drapeau de 1957 à 1965

Si le drapeau revient en débat, c'est en partie dû à l'action en amont de gens qui ne veulent absolument plus d'un tel débat. Je m'explique. En 1957, fraîchement élu, le gouvernement conservateur de John Diefenbaker apporte des changements notables aux armes du Canada. La simplification de la harpe irlandaise en est un. Le passage du vert au rouge des feuilles d'érable en est un autre (figure 46).

Cette décision supprime les dernières ambiguïtés au sujet des couleurs du Canada. Une variété de drapeaux et d'emblèmes sont modifiés en conséquence. C'est notamment le cas de tous les drapeaux canadiens personnels des membres de la famille royale, par exemple. Il s'agit en quelque sorte de versions textiles de l'écu, auquel s'ajoute parfois un symbole ou un cimier personnel. Évidemment, la révision de l'écu impose aussi celle du *Red Ensign* canadien (figure 47).

Ces développements se produisent dans un contexte de grandes secousses sociales en Occident. Dans les années 1960, un gouffre semble séparer la vision du monde de la génération du baby-boom et celle des générations devenues adultes avant ou pendant la guerre. Au Canada, en outre, la dynamique des rapports linguistiques s'ajoute au reste.

Le déclin de l'attachement à la Grande-Bretagne est palpable chez les anglophones. L'Empire britannique se désintègre et le *Commonwealth*, malgré une certaine importance à l'échelle mondiale, n'a guère la même prise sur la conscience politique au Canada. Simultanément, le rapprochement avec les États-Unis suscite des réactions partagées. Une telle alliance apporte aux Canadiens anglais un niveau de sécurité nationale sans précédent. Mais cette proximité menace en retour leur sentiment d'avoir une identité distincte comme jamais ne l'avait fait le lien avec la Grande-Bretagne.

Quant aux Canadiens français, les bouleversements qu'ils vivent alors sont parmi les plus radicaux au monde. Au Québec en particulier, eux qui avaient compté parmi les peuples les plus pieux sur Terre deviennent l'un des plus détachés de la religion. Au Québec toujours, l'identité canadienne-française se métamorphose à toute allure en nationalisme québécois.

Sans surprise, les anglophones cherchent à exprimer leur nouvelle conscience dans un nationalisme canadien renouvelé et dans un intérêt ravivé pour les symboles nationaux. Mais le nouveau nationalisme des francophones implique plutôt, pour le Canada, le risque de l'indépendance du Québec. Nul parti fédéral ne le ressent plus vivement que le Parti libéral, dont la fortune électorale dépend du Québec. Quoi qu'il en soit, à la lumière de ce qui précède, le chef libéral Lester Pearson prend l'engagement ferme dès 1960 de faire adopter un drapeau national officiel.

Le débat sur le drapeau qui suit l'élection de Pearson comme premier ministre est à la fois le plus bref et le plus intense de l'histoire canadienne. La grande conversation publique donne lieu à des volumes prévisibles de propositions citoyennes. Mais en mai 1964, Pearson lance un pavé dans la mare lorsqu'il propose sa propre version. Très tôt, et non sans dérision, elle est surnommée le fanion de Pearson (figure 48).

Ce drapeau n'a pourtant rien d'étrange. Son trait distinctif est la tige à trois feuilles d'érable rouges des armes du Canada. En quête d'une bannière exclusivement canadienne, le premier ministre emprunte une version simplifiée du drapeau de combat du colonel Duguid. Pearson craint cependant que son drapeau paraisse un peu vide s'il se limite à trois feuilles sur fond blanc. Le premier ministre se rabat donc sur une variante créée par le capitaine de corvette Alan Beddoe, dont les bandes bleues évoquent, comme la devise « d'un océan à l'autre », l'étendue du Canada[61].

Ces bandes bleues font sourciller les gardiens de l'orthodoxie héraldique. Il faut savoir que les plans d'eau prennent traditionnellement la forme de lignes ondulées (quoique le dessein de Pearson est métaphorique et non géographique). De plus, le bleu n'est pas une des couleurs nationales – mais l'adoption du rouge et du blanc à ce titre est encore tout récent, alors que le choix de Pearson s'inspire des deux anciennes mères-patries. Au moins, le bleu protège le premier ministre des accusations de proposer une bannière libérale, donc partisane.

Pearson pousse l'audace jusqu'à envisager d'associer l'adoption du drapeau à un vote de confiance au Parlement. Compte tenu de la question en jeu, c'est bien téméraire. Ce l'est même encore plus quand on songe que son gouvernement est minoritaire en chambre. Et de fait, Pearson est vite contraint d'abandonner ce projet.

Dans l'opposition, les conservateurs de Diefenbaker ne veulent rien savoir depuis le début. L'ancien premier ministre a toujours été un des champions du *Red Ensign* canadien. Il se montre ouvert à ce qu'on le simplifie en y remplaçant l'écu par une fleur de lis blanche. Mais cette idée n'a pas d'écho, car, de part et d'autre du fossé linguistique, les modèles inspirés du concept des deux peuples fondateurs ne rallient plus grand monde[62]. Dans l'intervalle, les conservateurs se retranchent derrière une position

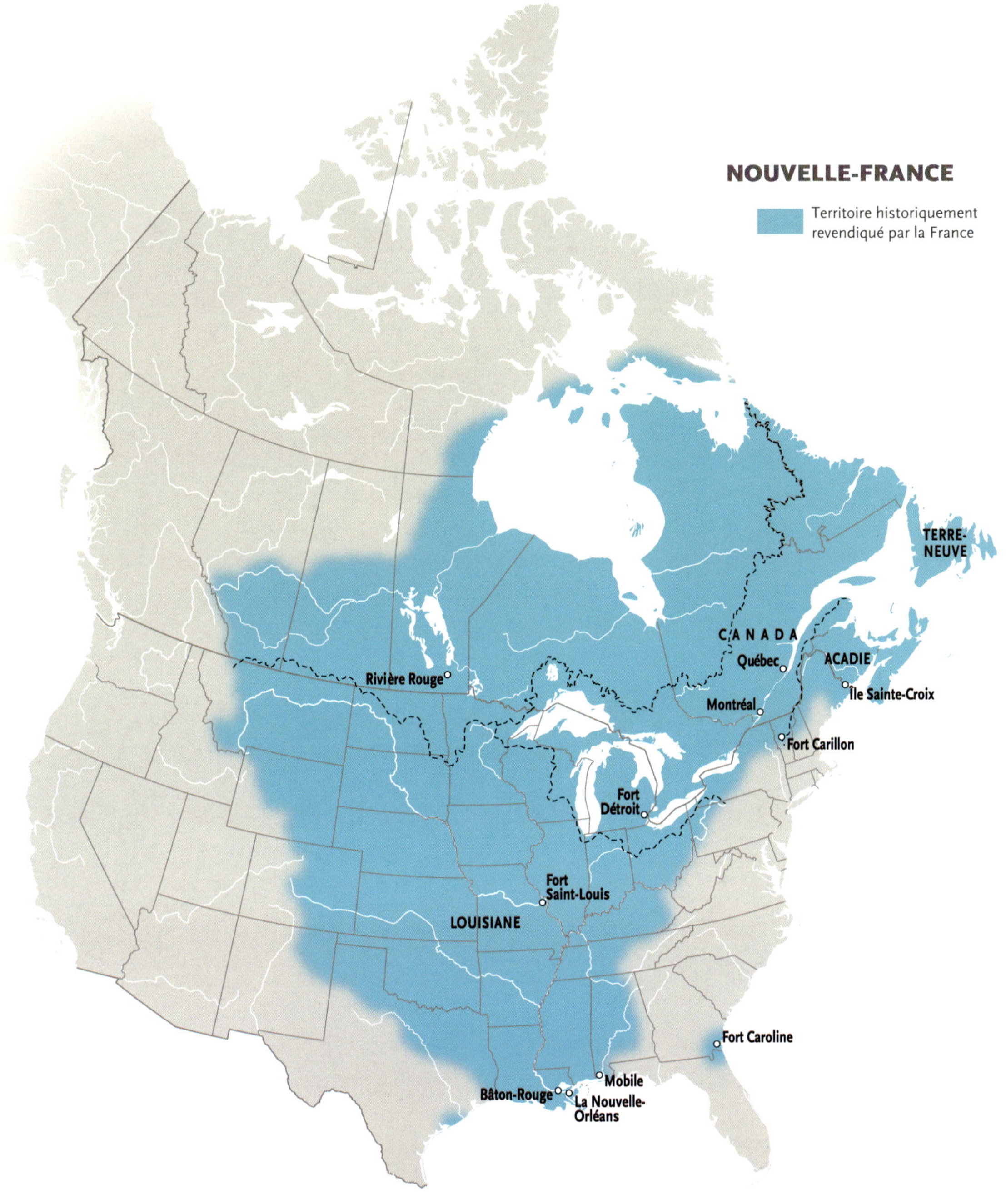
NOUVELLE-FRANCE
Territoire historiquement revendiqué par la France
TERRE-NEUVE
CANADA
Québec
ACADIE
Île Sainte-Croix
Montréal
Fort Carillon
Rivière Rouge
Fort Détroit
Fort Saint-Louis
LOUISIANE
Fort Caroline
Mobile
Bâton-Rouge
La Nouvelle-Orléans

FIGURE 1

FIGURE 2

FIGURE 3

FIGURE 4

FIGURE 5

FIGURE 6

FIGURE 7

FIGURE 8

FIGURE 9

FIGURE 10

FIGURE 11

FIGURE 12

FIGURE 13

FIGURE 14

FIGURE 15

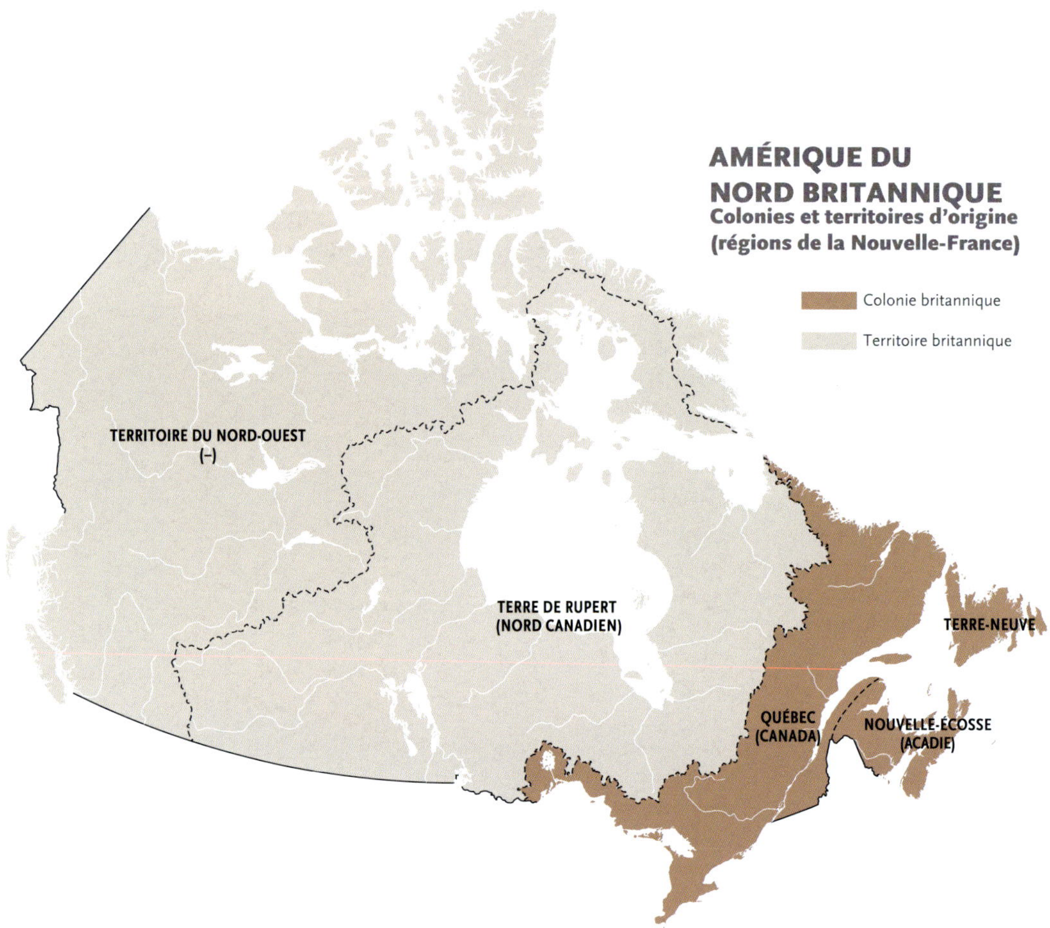
AMÉRIQUE DU
NORD BRITANNIQUE
Colonies et territoires d'origine
(régions de la Nouvelle-France)
Colonie britannique
Territoire britannique
TERRITOIRE DU NORD-OUEST
(–)
TERRE DE RUPERT
(NORD CANADIEN)
TERRE-NEUVE
QUÉBEC
(CANADA)
NOUVELLE-ÉCOSSE
(ACADIE)

FIGURE 16

FIGURE 17

FIGURE 18

FIGURE 19

FIGURE 20

FIGURE 21

FIGURE 22

FIGURE 23

FIGURE 24

FIGURE 25

FIGURE 26

FIGURE 27

FIGURE 28

FIGURE 29

FIGURE 30

FIGURE 31

FIGURE 32

FIGURE 33

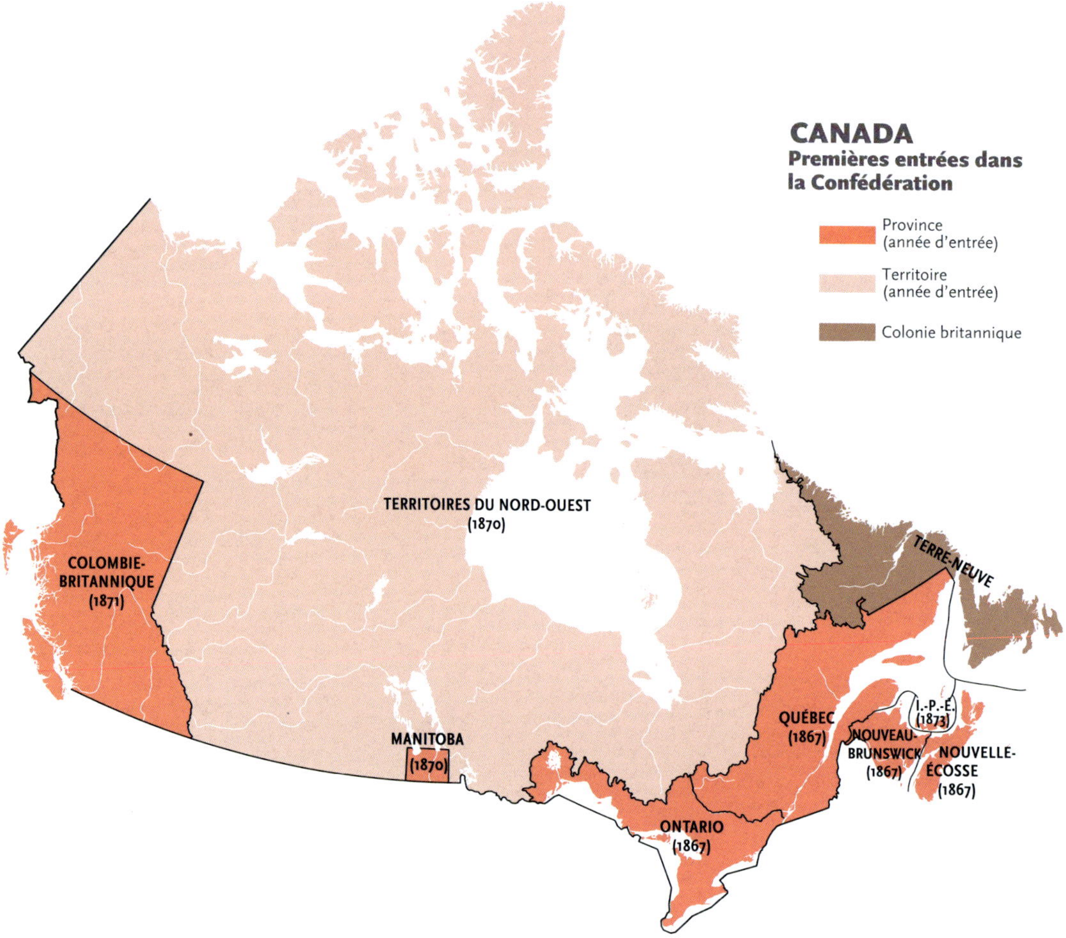
CANADA
Premières entrées dans la Confédération
Province (année d'entrée)
Territoire (année d'entrée)
Colonie britannique
TERRITOIRES DU NORD-OUEST (1870)
COLOMBIE-BRITANNIQUE (1871)
MANITOBA (1870)
ONTARIO (1867)
QUÉBEC (1867)
NOUVEAU-BRUNSWICK (1867)
NOUVELLE-ÉCOSSE (1867)
Î.-P.-É. (1873)
TERRE-NEUVE

FIGURE 34

FIGURE 35

FIGURE 36

FIGURE 37

FIGURE 38

FIGURE 39

FIGURE 40

FIGURE 41

FIGURE 42

FIGURE 43

FIGURE 44

FIGURE 45

FIGURE 46

FIGURE 47

FIGURE 48

FIGURE 49

FIGURE 50

FIGURE 51

d’obstruction systématique qui force le Parlement à siéger tout l’été, sans que rien ne se règle.

En septembre, Pearson consent enfin à déférer la question à un comité parlementaire. Comme en 1945–1946, c’est une avalanche de propositions, près de six mille en tout, qui déferle. Certains concepts, abstraits jusqu’à l’absurde ou franchement comiques, expriment immanquablement l’esprit des années 1960. Mais globalement, les mêmes types de symboles reviennent à la même fréquence que vingt ans plus tôt.

Peu de sondages d’opinion objectifs sont alors menés, mais on peut dire sans se tromper que, pour l’essentiel, le débat oppose les traditionalistes aux nationalistes. Sur le fond, les deux camps se revendiquent d’une même loyauté aux vénérables symboles et d’un même patriotisme. Mais sur la forme, leurs vues divergent sensiblement.

Le camp traditionaliste est dominé par les partisans du *Red Ensign* canadien. Cette bannière a ses défenseurs depuis un siècle, et leur nombre a eu tendance à croître au fil du temps. Les vétérans y sont les plus attachés, car à leurs yeux, c’est sous ses couleurs qu’ils se sont battus. Il y a aussi chez les traditionalistes une minorité de partisans de l’*Union Jack*, surtout parmi les personnes qui chérissent le plus le lien avec la Grande-Bretagne. On y retrouve notamment des immigrants récents du Royaume-Uni et des personnes habitant une région restée culturellement proche de la Grande-Bretagne, comme Terre-Neuve ou l’île de Vancouver.

Plus nombreux, le camp nationaliste est aussi plus dispersé et moins émotif dans ses opinions. Ici encore, deux drapeaux se démarquent nettement des autres. L’un d’eux est le fanion de Pearson. L’autre s’inspire d’un modèle de George Stanley, doyen de la Faculté des arts du Collège militaire royal (figure 49). Stanley a eu l'idée de prendre le drapeau du collège, d'en conserver les bandes rouges aux extrémités et le centre blanc, mais d'y remplacer l'emblème du collège par une feuille d'érable rouge[63].

Nul ne sait laquelle de ces deux options est la plus populaire. Il y a toutefois bien des raisons de croire que c'est la proposition du premier ministre. Chose certaine, c'est vers elle que penche le comité parlementaire mandaté pour examiner les différentes idées.

Une fois le *Red Ensign* canadien écarté par vote, c'est au drapeau à bandes bleues que les conservateurs du comité accordent leur préférence. Ils n'en votent pas moins, en secret, pour celui à bandes rouges, pour empêcher que la proposition du premier ministre ne fasse consensus. Les libéraux appuient naturellement la préférence de leur chef, mais, en privé, ils redoutent les apparences de partisanerie. Leur voix se porte donc, elle aussi, sur l'option de Stanley.

La politique étant ce qu'elle est, le drapeau à bandes rouges est choisi à l'unanimité même si tout le monde lui préfère celui à bandes bleues. L'affaire retourne ensuite devant la Chambre. Les troupes des Diefenbaker y recommencent leur obstruction systématique, exigeant un référendum pour trancher le nœud gordien. En décembre, las ce qui est devenu un dialogue de sourds, les députés conservateurs du Québec rompent avec la ligne de pensée de leur chef et acceptent une motion de clôture pour qu'un vote ait enfin lieu.

On connaît la suite. Le 15 février 1965, le drapeau national – le premier véritable drapeau national du Canada, rappelons-le – devient officiel.

Le débat sur le drapeau depuis 1965

Les lecteurs remarqueront que la version de l'unifolié – ou *Maple Leaf* – devenue officielle en 1965 (figure 50) n'est pas identique à celle que le comité parlementaire a adoptée l'année précédente[64]. L'emblème central est plus volumineux et le nombre de ses pointes a été réduit de treize à onze. Ces retouches, autorisées tant qu'elles ne contreviennent pas à la description héraldique, sont apportées parce que les spécialistes au sein de l'État se sont convaincus qu'un symbole simple et fort est toujours plus facile à reconnaître de loin[65].

On dit parfois que la nouvelle feuille d'érable rompt avec les versions plus traditionnelles et naturalistes ayant figuré sur divers insignes d'État, et notamment les armoiries. C'est en partie vrai, mais sur les armoiries, ce symbole n'a pas très l'air très naturel de toute façon. Les feuilles d'érable, après tout, ne poussent pas en trio.

L'aspect graphique le plus sous-estimé de l'unifolié est probablement la dimension de son pal, comme on nomme la bande verticale centrale. D'ordinaire, les drapeaux à trois bandes verticales sont divisés en tiers. C'est un style très répandu dans le monde, et je ne mentionnerai ici que le drapeau du Pérou, adopté en 1824 et dont les bandes sont rouge-blanc-rouge.

L'unifolié se distingue par la largeur de ses bandes : elles mesurent le quart, la moitié et le quart de la longueur, respectivement, ce qui fait du pal un carré. Il s'agit d'une révision ingénieuse du dessin original de Stanley par l'homme de confiance de Pearson au comité, le député John Matheson[66].

Grâce à elle, il est possible d'avoir au milieu un symbole de grosse taille sans détruire l'équilibre de l'ensemble. Aujourd'hui, en héraldique, un carré blanc central s'appelle officiellement un pal canadien[67], et de nombreux drapeaux en font usage.

À son dévoilement en 1965, le drapeau ne fait pas l'unanimité. Les traditionalistes, on le sait, lui auraient préféré le *Red Ensign* canadien ou l'*Union Jack*. Mais d'autres en ont contre l'apparence de l'unifolié : on dirait un logo commercial, déplorent-ils[68]. Selon moi, leur réaction témoigne d'une conception ancienne de ce qu'est un drapeau. Les premiers drapeaux s'inspiraient d'armoiries ou en contenaient. Ils étaient intentionnellement complexes sur le plan graphique. Et beaucoup le sont encore. L'étendard du chef d'un État, par exemple, est généralement bien plus détaillé que le drapeau de la nation correspondante.

Or, à mesure que les drapeaux en sont venus à représenter des populations plutôt que de nobles offices, leur dessin s'est progressivement dépouillé. En conséquence, bien des vieux drapeaux, comme le *Red Ensign* canadien, semblent aujourd'hui trop chargés. Le risque inverse guette toutefois les drapeaux les plus récents : pécher par simplisme, frivolité ou superficialité.

Concernant l'allégation voulant que l'unifolié ressemble à un logo, j'estime qu'il faut en juger dans un contexte vexillologique. Ayant souvent vu le drapeau du Canada hissé sur des tribunes internationales, j'estime qu'il n'a rien à envier à ceux des autres pays. Il en impose, il est unique et il s'enracine dans l'histoire canadienne.

Le nombre de ses opposants a rapidement chuté dans les années qui ont suivi son adoption. Les citoyens qui hissent encore le *Red Ensign* canadien

– car il en reste – le font principalement par fidélité au passé et aux traditions. Chose intéressante, les particuliers ont tendance à déployer la version aux feuilles rouges de 1957, alors que les groupes, et surtout ceux de vétérans, choisissent invariablement la version aux feuilles vertes de 1921.

Dans toute cette histoire, le plus regrettable est la décision du gouvernement Pearson de ne conserver au *Red Ensign* canadien aucune fonction officielle. À l'encontre des souhaits d'une majorité d'opposants, c'est l'*Union Jack* (ou *Royal Union Flag*) qui obtient le statut de drapeau secondaire. À ce titre, on continuera donc de l'employer quand les circonstances s'y prêteront en témoignage des liens profonds du Canada avec la Couronne et le *Commonwealth*.

Pourquoi est-ce si regrettable ? Tout simplement parce qu'après avoir répété sans arrêt que le *Red Ensign* canadien était insuffisamment « canadien », le gouvernement fédéral prétend désormais, en toute incohérence, que le drapeau britannique peut bien représenter le Canada. Les autres avenues étaient pourtant évidentes. Un étendard royal canadien pouvait mieux que toute autre bannière rappeler la loyauté du pays à la Couronne[69]. Quant aux rencontres du *Commonwealth*, le *Red Ensign* canadien y aurait été un parfait symbole.

Il se serait agi là d'un compromis honorable de la part de Pearson. Était-il vraiment redevable au premier ministre terre-neuvien Joey Smallwood à ce sujet, comme l'ont affirmé ses partisans ? Ou a-t-il simplement refusé de laisser quelques miettes à son ennemi juré, John Diefenbaker ? Insinuait-il que la monarchie ne fût nullement une institution canadienne ? S'inquiétait-il de voir le *Red Ensign* canadien devenir un symbole de ralliement pour l'identité canadienne-anglaise, alors même que le nationalisme québécois occupait tant son gouvernement ?

Impossible de dire. Ce qu'on sait par contre, c'est que la décision de retirer tout statut au *Red Ensign* canadien, malgré sa grande popularité, est à l'origine d'une campagne en faveur de son adoption dans les provinces, en Ontario et au Manitoba en particulier[70]. Du reste, le *Commonwealth* finira plus tard par adopter son drapeau, même si ce dernier ne bat presque jamais au Canada.

De toutes les questions en suspens, la plus intrigante est celle-ci : l'une des prémisses à l'adoption de l'unifolié était-elle erronée ? Un drapeau national purement canadien était-il indispensable pour combattre la souveraineté du Québec ? En avait-on besoin de toute urgence pour « sauver le Canada », pour citer John Matheson ? La réponse ne va pas de soi.

À l'élection québécoise de 1962, l'indépendantisme reste l'affaire de groupuscules. Quant à l'élaboration du nouveau drapeau canadien, les Canadiens français – les personnes d'origine autre que britannique, en fait – n'y participent guère. C'est la garde rapprochée de Pearson qui porte le projet, et, nonobstant sa prétention à parler pour les Canadiens de toutes les ascendances, elle est entièrement originaire des îles britanniques[71].

Le débat sur le drapeau révèle l'indifférence générale des Québécois francophones pour cette question. Le *Red Ensign* canadien ne leur parle guère, ça se comprend, mais les options de rechange ne réussissent pas davantage à les intéresser. Le futur successeur de Pearson à la fonction de premier ministre, Pierre Trudeau, le dit sans détour à l'époque.

La suite des événements n'arrange en rien les choses. Au contraire, l'option souverainiste monte en flèche *après* l'adoption de l'unifolié. Des partis sérieux la portent pour la première fois en 1966, puis elle obtient ses premiers députés en 1970, son premier gouvernement en 1976, un premier référendum en 1980… On aura beau brandir l'unifolié, rien n'arrête la montée des appuis à la souveraineté dans ces années.

Le vent finira néanmoins par tourner, comme on le sait. Les adversaires de l'indépendance du Québec auraient-ils pu réussir à se regrouper sous un drapeau à thématique britannique, au même titre que les indépendantistes se ralliaient sous le fleurdelisé ? Ou en l'absence de tout drapeau ? On peut en douter. Mais peut-être, en fin de compte, les drapeaux n'ont-ils eu que peu à voir avec toute cette dynamique ?

Une dernière question mérite d'être posée : le débat sur le drapeau est-il clos pour de bon ? Y a-t-il une possibilité que ce drapeau soit modifié un jour ? Ça vaut la peine qu'on s'y arrête, car, en matière de drapeaux, les préférences ont le don d'évoluer, rarement sur quelques années, mais parfois sur des décennies et souvent au fil des siècles.

Depuis 1965, si aucun drapeau complètement neuf n'est devenu populaire, quelques variantes de l'unifolié ont vu le jour. Pour l'essentiel, ce sont des produits de niche, destinés à des groupes précis, comme les Autochtones ou les adaptes du cannabis. Cela dit, il existe une variante sur laquelle je dirai quelques mots : c'est le drapeau de la dualité canadienne (figure 51).

Ce drapeau est né dans le contexte des rassemblements fédéralistes lors de la campagne référendaire de 1995. Il a refait quelques apparitions publiques depuis, surtout dans la région de Montréal. Le concept était d'apposer une bande bleue sur un quart de la surface de chaque bande rouge pour signifier la proportion de francophones au Canada. Il y a là quelque chose qui rappelle le fanion de Pearson.

Le résultat n'est pas laid, mais il révèle une méconnaissance du passé. Après tout, l'unifolié reprend les couleurs historiques des Canadiens britanniques et des Canadiens français, respectivement le rouge et le blanc. Quant au bleu, c'est peut-être la couleur du Québec, mais ce n'est pas celle, traditionnellement, des francophones en général.

Quoi qu'il en soit, il n'y a guère de chances que le drapeau de la dualité canadien remplace un jour l'actuel drapeau officiel. Il y en a encore moins, à l'heure actuelle, qu'une autre version y parvienne. Le drapeau du Canada semble destiné à perdurer aussi longtemps que le pays lui-même.

Remerciements

MON INTÉRÊT POUR la vexillologie – et les drapeaux canadiens en particulier – est ancien, mais c'est au début du confinement lié à la pandémie que j'ai eu l'idée d'écrire ce livre. Par bonheur, l'aide ne m'a jamais manqué en cours de route. Merci, avant tout autre, à Greg Stoicoiu, dont les dessins soigneux font de cet ouvrage un produit si agréable à l'œil.

Un merci spécial va à Rob Watt, l'ancien héraut d'armes du Canada, pour sa relecture minutieuse et ses nombreuses suggestions et modifications pertinentes.

Merci à Alistair B. Fraser, professeur émérite, à Chris Champion, de la *Dorchester Review*, à feu Kevin Harrington, de l'Association canadienne de vexillologie, et à Stephen Murray, de la Société royale héraldique du Canada, à la fois pour m'avoir fourni des documents essentiels et pour m'avoir si bien donné à réfléchir.

Merci aussi à ces collaborateurs qui ont rendu possible la parution du livre : John Geiger et tout le personnel de la Société géographique royale du Canada, Ken Whyte et son équipe chez l'éditeur Sutherland House, de même que Michael Levine, mon irremplaçable agent littéraire, et les gens de Westwood Creative Artists. Merci, en outre, à Frédéric Demers pour la traduction française.

Enfin, je tiens à remercier mon frère, Grant, qui m'a aidé avec la préparation de ce livre comme avec tant d'autres choses que j'ai faites dans la vie. Il m'est aussi impossible d'oublier mon défunt père, Joseph H. Harper, un vexillologue reconnu et publié : c'est lui qui a alimenté mon intérêt pour ce sujet depuis mon plus jeune âge.

J'espère n'avoir oublié personne, mais si c'est le cas ou si des erreurs se sont glissées dans le livre, j'en suis l'unique responsable.

Stephen J. Harper

Bibliographie

[Anonyme], « The Seized Buttons: In Spite of the Government's Vigilance Some Are in Circulation–Some Brass, Some Celluloid–Brass Ones found in the House of a Gentleman Holding a Government Position », *Montreal Star*, 21 juillet 1900, p. 13.

Ansoff, Peter, « Sir Charles Fawcett Redux: The Historical Connection Between the East India Company Flag and the Continental Colors », *Proceedings of the 24th International Congress of Vexillology*, 2011, pp. 6–26.

Ansoff, Peter, « The Flag on Prospect Hill: A Response to Byron DeLear », *Raven*, vol. 22, 2015, pp. 1–26.

Arbuckle, Graeme, *Customs and Traditions of the Canadian Navy*, 1984.

Archambault, R. P., *Le drapeau canadien-français*, 1928.

Archbold, Rick, *A Flag for Canada*, 2008.

Baillargé, Frédéric Alexandre, *Le drapeau canadien-français : nos raisons*, 1904.

Band, Charles P., et Emilie L. Stovel, *Our Flag and Coat of Arms: A Concise Illustrated History of our Flag and the Coats of Arms of the Dominion of Canada and Its Various Provinces*, 2e édition, 1919.

Barraclough, E. M. C., et W. G. Crampton, *Flags of the World*, 2e édition, 1981.

Beaudoin, François, « Flags of Quebec », *Flag Bulletin*, vol. 23–5, nº 107, septembre–octobre 1984, pp. 149–163.

Biron, Luc-André, *Le drapeau canadien*, 2e édition, 1964.

Bizier, Hélène-Andrée, et Claude Paulette, *Fleur de lys : d'hier à aujourd'hui*, 1997.

Blondel, Édouard, « Les drapeaux canadiens », *La Presse* (10 avril 1920), pp. 1 et 8.

Bone, James, « Donald Nelson Baird et le comité parlementaire du drapeau de 1945–1946 », *Le blogue de Bibliothèque et Archives Canada*, 20 mai 2021, en ligne.

Boulton, D'Arcy Jonathan Dacre, « Towards a More Canadian Regal-Regnal Achievement: An Historical and Semeiotic Analysis of the 1921 Achievement, with Proposals for Modifications of Its Elements », *Alta Studia Heraldica*, 2009, pp. 137–190 ; 2010, pp. 159–230.

Bouvier, Luc, « Histoire des drapeaux québécois : du tricolore canadien au fleurdelisé québécois », *Heraldry in Canada/L'Héraldique au Canada*, vol. 28, n° 1, mars 1994, pp. 30–41 ; vol. 28, n° 2, juin 1994, pp. 22–33 ; vol. 28, n° 3, septembre 1994, pp. 25–32 ; vol. 28, n° 4, décembre 1994, pp. 25–33 ; vol. 29, n° 1, mars 1995, pp. 25–33 ; vol. 29, n° 2, juin 1995, pp. 27–33.

Boyes, Aaron W., *Towards the "Federated States of North America": The Advocacy for Political Union between Canada and the United States, 1885–1896*, 2016.

Brady, Hugh L., « Dominion Day Exercises: Early Efforts to Develop a Canadian Identity », *NAVA News*, vol. 46–3, n° 219, juillet-septembre 2013, pp. 1 et 3–5.

Brady, Hugh L., « "But It was Ours": The Red Ensign, Dominion Day, and the Effects of Patriotic Memory on the Canadian Flag Debate », *Raven*, vol. 23, 2016, pp. 19–54.

Braverman, Doreen, *Flags Tell the Story of Canada*, 1995.

Bucchioni, Josh, « Hoist Up the Flag: The British Red Ensign », *Colonial Williamsburg*, 2020, en ligne.

Campbell, Colin, « The Flag of Our Country », *Canadian Almanac*, 1894, pp. 195–204.

Campbell, Colin, « The Imperial and Canadian Flags », *Canadian Almanac*, 1895, pp. 214–217.

Campbell, Gordon, et I. O. Evans, *The Book of Flags*, 7e édition, 1974.

Carr, H. Gresham, *Flags of the World*, édition revue et corrigée, 1961.

Chadwick, E. M., « The Canadian Flag », *Canadian Almanac*, 1896, pp. 227–228 et 233.

Champagne, Antoine, *Nouvelles études sur les La Vérendrye et le poste de l'Ouest*, 1971.

Champion, Chris P., « A Very British Coup: Canadianism, Quebec, and Ethnicity in the Flag Debate 1964–1965 », *Journal of Canadian Studies/Revue d'études canadiennes*, vol. 40, n° 3, septembre 2006, pp. 68–99.

Charrié, Pierre, *Drapeaux et étendards du roi*, 1989.

Chartrand, René, « Les drapeaux en Nouvelle-France », *Conservation Canada*, vol. 1, n° 1, 1974, pp. 24–26.

Chartrand, René, « The Flags of New France », *Flag Bulletin*, vol. 15-1, n° 59, janvier–février 1976, pp. 13–21.

Chartrand, René, « Les drapeaux militaires en Nouvelle-France », *Revue d'histoire de la culture matérielle*, n° 42-1, automne 1995, pp. 39–46.

Chauveau, Pierre-Joseph-Olivier, *Discours prononcé à la cérémonie de la pose de la pierre angulaire du monument dédié par souscription nationale à la mémoire des braves tombés sur la plaine d'Abraham le 28 avril 1760*, 1855.

Chauveau, Pierre-Joseph-Olivier, « Discours prononcé sur la tombe de M. F.-X. Garneau », *Histoire du Canada depuis sa découverte jusqu'à nos jours*, vol. 4, 4e édition, 1882, pp. 267–276.

Comité de Québec, *Le drapeau national des Canadiens français : un choix légitime et populaire*, 1904.

Compagnie de la Baie d'Hudson, « The Flags of the HBC », *HBC Heritage*, 2021, en ligne.

Costaine, Thomas B., *The White and the Gold: The French Regime in Canada*, 1954.

Crampton, William, *The Observer's Book of Flags*, 1979.

Crémazie, Octave, *Le drapeau de Carillon*, 1858.

Croft, James, « Civic Flags of the Northwest Territories », *Flag Bulletin*, vol. 28–1/2/3/4, n° 130, janvier–août 1989, pp. 44–78.

Cumberland, Barlow, *History of the Union Jack and Flags of the Empire: Their Origin, Proportions and Meanings as Tracing the Constitutional Development of the British Realm, and with Reference to Other National Ensigns*, 3e édition, 1909.

Davidson, J. A., « Standing on Guard for Thee: Maple Leaves, Union Jacks, and a Dauntless Hero », *The Beaver*, vol. 70, n° 3, juin–juillet 1990, pp. 14–20.

Davies, T. R., « Some Notes on the Vexillum and the Cross of St. George », *Flag Bulletin*, vol. 16–3, n° 66, mai–juin 1977, pp. 84–88.

DeLear, Byron, « Revisiting the Flag at Prospect Hill: Grand Union or Just British? », *Raven*, vol. 21, 2014, pp. 19–70.

Denison, George T., *The Struggle for Imperial Unity: Recollections and Experiences*, 1909.

Desbarats, George, « The Provincial Arms and the Dominion Flags », *Canadian Illustrated News*, 6 mai 1871, p. 281.

Desjardins, Gustave, *Recherches sur les drapeaux français : oriflamme, bannière de France, marques nationales, couleurs du roi, drapeau de l'armée, pavillons de la marine*, 1874.

Diceman, Harold, « Modern Canadian Military Flags », *Flag Bulletin*, vol. 19–3/4/5, n° 84, mai–octobre 1980, pp. 127–138.

Diefenbaker, John G., *One Canada: The Tumultuous Years, 1962–1967*, 1977.

Doughty, Arthur G., « Le drapeau de la Nouvelle-France », *Mémoires et comptes rendus de la Société royale du Canada*, série 3, vol. 20, mai 1926, pp. 43–46.

Drouin, Mathieu, « Drapeau de l'infanterie française : ce drapeau fleurdelysé aurait été retrouvé sur les lieux emblématiques de la bataille des Plaines d'Abraham », *Canada's History/Histoire Canada*, 12 décembre 2022, en ligne.

Dunbar, Francis J., et Joseph H. Harper, *Old Colours Never Die: A Record of Colours and Military Flags in Canada*, 2e édition, 2013.

Etchells, Arthur, « French Naval Flags Under the Ancien Régime », *Vexillum*, nº 25, mars 2024, pp. 14–15.

Evans, I. O., *Flags of the World*, 1970.

Evans, I. O., « The British Ensigns », *Flag Bulletin*, vol. 21–5, nº 96, septembre–octobre 1982, pp. 165–170.

Ewart, John Skirving, « The Canadian Flag », *Canadian Magazine*, vol. 30, nº 1, 1907, pp. 332–335.

Ewart, John Skirving, *Sir John A. Macdonald and the Canadian Flag*, 1907.

Filiatrault, Elphège, *Aux Canadiens français : notre drapeau*, 1903.

Filiatrault, Elphège, *Carillon ! Carillon ! Le drapeau national des Canadiens français*, 1904.

Filiatrault, Elphège, *Nos couleurs nationales*, 1905.

Fleming, Sandford, « The Canadian Flag: Proposal for the Meteor Flag of the Dominion », *The Week*, 31 mai 1895, une et p. 639.

Fraser, Alistair B., « A Canadian Flag for Canada », *Raven*, vol. 1, 1994, pp. 30–40.

Fraser, Alistair B., *The Flags of Canada*, 1998.

Fraser, Blair, *The Search for Identity: Canada, 1945–1967*, 1967.

Gaffen, Fred, « British Flags Presented to the Indians », *Flag Bulletin*, vol. 21–5, nº 96, septembre–octobre 1982, pp. 153–164.

Gigandet, Hank, « Canadian Duality Flag Proposal », *NAVA News*, vol. 37–1, nº 181, janvier–mars 2004, p. 3.

Good, Jonathan, « Colonial Seals of Canada », *Heraldry in Canada/L'Héraldique au Canada*, vol. 55, nº 3–4, décembre 2021, pp. 44–53.

Gordon, W. J., *Flags of the World: Their Story and Associations*, 1915.

Gouvernement de la Nouvelle-Écosse, « New Flag of the Office of the Lieutenant Governor of Nova Scotia », *Royal Gazette*, vol. 233, nº 21, 22 mai 2024, pp. 750–751.

Gouvernement du Canada, *Le drapeau national du Canada*, 1966.

Gouvernement du Canada, « Affiches de drapeaux historiques », Canada.ca, 2007, en ligne.

Gouvernement du Canada, « 1963 à 1965 : La création du drapeau national du Canada », Canada.ca, 2023, en ligne.

Gouverneure générale du Canada, « Registre public des armoiries, drapeaux et insignes du Canada », gg.ca, 2023, en ligne.

Greaves, Kevin, *A Canadian Heraldic Primer*, 2000.

Grebstad, David W., « The Flag of Our Fathers? The Manitoba Provincial Flag and British Cultural Hegemony in Manitoba, 1870–1966 », *Raven*, vol. 23, 2016, pp. 55–79.

Groulx, Lionel, *Le drapeau canadien-français*, 1944.

Harrington, Kevin, « Indian, Inuit, and Metis Flags of Canada », *Flag Bulletin*, vol. 28–1/2/3/4, n° 130, janvier–août 1989, pp. 146–167.

Harrington, Kevin, « The Flags of Francophonie in Canada », *Flag Bulletin*, vol. 31–4, n° 147, juillet–août 1992, pp. 139–152.

Harrington, Kevin, « The Name, Colours and Symbols of Quebec », *NAVA News*, vol. 31–1, n° 154, janvier–février 1998, pp. 1–3.

Hulme, F. Edward, *Flags of the World: Their History, Blazonry and Associations*, 1893.

Joy, John, « On the Union Flag », *Flag Bulletin*, vol. 12–2, n° 44, été 1973, pp. 44–54.

Kannik, Preben, *The Flag Book*, 3e édition, 1959.

Kaye, Ted, « New Mexico Tops State/Provincial Flags Survey: Georgia Loses by Wide Margin », *NAVA News*, vol. 34–2, n° 170, avril–juin 2001, pp. 4–5.

Kaye, Ted, *"Good" Flag, "Bad" Flag*, 2006.

Knox, John, *The Siege of Quebec and the Campaigns in North America, 1757–1760*, 1769.

Koch, Phil, « Setting the Standards of New France », *The Beaver*, vol. 88, n° 1, février–mars 2008, p. 12.

Ligue du drapeau national, *Pour un drapeau national/For a National Flag*, 1943.

Liston, James T., « The Union Flag: Legal Status and Popular Perception », *Flag Bulletin*, vol. 36–6, nº 178, novembre–décembre 1997, pp. 246–262.

Loynes, Louis, « British Flag Proportions », *Flag Bulletin*, vol. 12–2, no 44, été 1973, pp. 84–85.

Lux-Wurm, P. C., « The Development and Meanings of White as a French National Color », *Flag Bulletin*, vol. 12–4, nº 46, hiver 1973, pp. 129–135.

MacLeod, D. Peter, et C. Michel Boucher, « The Drapeau de Carillon: History and Legend », *Flag Bulletin*, vol. 32–2, nº 151, mars–avril 1993, pp. 66–87.

Magnan, Charles-Joseph, *Le Carillon-Sacré-Cœur : le drapeau national des Canadiens français*, 1939.

Magnan, Hormisdas, « Les drapeaux arborés dans la province de Québec », *Bulletin des recherches historiques*, vol. 25, nº 5, mai 1919, pp. 129–149.

Magnan, Hormisdas, *Cinquantenaire de notre hymne national « O Canada, terre de nos aïeux » : les origines de nos drapeaux et chants nationaux armoiries, emblèmes, devises*, 1929.

Maple Leaf Mills, *Flags of Empire*, 1941.

Martucci, David B., « Flag and Symbol Usage in Early New England », *Raven*, vol. 13, 2006, pp. 1–40.

Matheson, John Ross, « Canada's Flag: Introduction », *Flag Bulletin*, vol. 17–3, nº 72, mai–juin 1978, pp. 84–92.

Matheson, John Ross, « Canada's Flag: Canada Obtains Arms (Part I) », *Flag Bulletin*, vol. 17–6, nº 75, novembre–décembre 1978, pp. 172–192.

Matheson, John Ross, « Canada's Flag: Canada Obtains Arms (Part II) », *Flag Bulletin*, vol. 18–3, nº 78, mai–juin 1979, pp. 89–101.

Matheson, John Ross, *Canada's Flag: A Search for a Country*, 2e édition, 1986.

Maury, Arthur, *Les emblèmes et les drapeaux de la France : le coq gaulois*, 1904.

McCandless, Byron, et Gilbert Grosvenor, *Flags of the World*, 1917.

Mioque, Nicolas, « Les pavillons de la marine sous l'Ancien Régime », *Trois-Ponts*, 2015, en ligne.

Newman, Peter C., *The Distemper of our Times: Canadian Politics in Transition*, 1968.

Nicholls, Bruce, « A Sense of Proportion », *Flag Bulletin*, vol. 26–1/2/3, n° 120, janvier–juin 1987, pp. 138–142.

Nicholson, Katie, « From Snakes to Spartans: The Meaning Behind Some of the Flags Convoy Protesters are Carrying », *Canadian Broadcasting Corporation*, 16 février 2022, en ligne.

O'Neill, Paul, « The Story of Newfoundland's Native Flag », *Flag Bulletin*, vol. 15–6, n° 63, novembre–décembre 1976, pp. 184–198.

Pasch, Georges, « Flags of the Americas, 1500–1667 », *Flag Bulletin*, vol. 18–5, n° 80, octobre–novembre 1979, pp. 141–184.

Pasch, Georges, « French Attitudes towards the Symbols of France », *Flag Bulletin*, vol. 20–4, n° 89, juillet–août 1981, pp. 119–140.

Pass, Forrest D., « "A Red Rag to an Infuriated Bull": American Flags, Canadian Vexilloclasts, and the Origins of Canadian Flag Culture, 1880–1930 », *Raven*, vol. 23, 2016, pp. 81–105.

Pass, Forrest D., « Les drapeaux oubliés », *Le blogue de Bibliothèque et Archives Canada*, 2020, en ligne.

Pass, Forrest D., « Cinq mythes sur les armoiries du Canada », *Le blogue de Bibliothèque et Archives Canada*, 2021, en ligne.

Patterson, Bruce, « The Red Ensign and the Maple Leaf: Canada's Two Flag Traditions », *Raven*, vol. 23, 2016, pp. 1–17.

Perrin, W. G., *British Flags: Their Early History, and Their Development at Sea, with an Account of the Origin of the Flag as a National Device*, 1922.

Philippe, Lucien, « The French Tricolor and its Influence on Flags throughout the World », *Flag Bulletin*, vol. 10–2/3, n° 37, printemps–été 1971, pp. 55–68.

Pinoteau, Hervé, *La symbolique royale française, Ve–XVIIIe siècles*, 2003.

Pope, Joseph, *The Flag of Canada*, 8e édition, 1912.

Rabbow, Arnold, « A New Constellation: What Did the First Stars and Stripes Look Like? », *Flag Bulletin*, vol. 19–2, n° 83, mars–avril 1980, pp. 47–64.

Racette, Calvin, *Flags of the Métis*, 1987.

Raeside, Rob, « National and Provincial/Territorial Symbols in Municipal Flags in Canada: Patriotism at the Community Level? », *Vexillum*, nº 12, décembre 2020, pp. 16–23.

Reynolds, Kenneth W., « To Make the Unmistakable Signal "Canada": The Canadian Army's "Battle Flag" during the Second World War », *Raven*, vol. 14, 2007, pp. 1–33.

Reynolds, Kenneth W., « A Glimpse into Vexillology by the Canadian Armed Forces Past and Present », *Flag Research Quarterly*, nº 2, juin 2013, pp. 14–16.

Reynolds, Kenneth W., « "A Symbol of our Place in the World": The Raising of the National Flag on Canadian Warships, 15 February 1965 », *Flag Research Quarterly*, nº 8, février 2016, pp. 1 et 3–15.

Richard, Bernard, *Petite histoire du drapeau français*, 2017.

Rogers, David, « A Flag for the Empire », *Flag Bulletin*, vol. 17–5, nº 74, septembre–octobre 1978, pp. 158–160.

Rothery, Guy, *ABC of Heraldry*, 1915.

Russell, E. C., *Customs and Traditions of the Canadian Armed Forces*, 1980.

Smith, Whitney, « New Flags: Canada », *Flag Bulletin*, vol. 2–2, nº 6, hiver 1963, p. 19.

Smith, Whitney, « New Flags: Canada », *Flag Bulletin*, vol. 3–4, nº 12, été 1964, pp. 47–48.

Smith, Whitney, « The History of Canadian Flags », *Flag Bulletin*, vol. 4–3, nº 15, printemps 1965, pp. 38 et 56–59.

Smith, Whitney, « Canadian Provincial Flags », *Flag Bulletin*, vol. 4–3, nº 15, printemps 1965, pp. 39–47.

Smith, Whitney, « Canadian Flag Miscellany », *Flag Bulletin*, vol. 4–3, nº 15, printemps 1965, pp. 50–51.

Smith, Whitney, « Political and Military Flags of Canada », *Flag Bulletin*, vol. 4–3, nº 15, printemps 1965, pp. 52–55.

Smith, Whitney, « New Flags: Ontario », *Flag Bulletin*, vol. 4–4, n° 16, été 1965, p. 61.

Smith, Whitney, « New Flags: Manitoba », *Flag Bulletin*, vol. 5–3, n° 19, printemps 1966, pp. 88–90.

Smith, Whitney, *The Flag Book of the United States*, 1970.

Smith, Whitney, « The Scots Union Flag », *Flag Bulletin*, vol. 12–2, n° 44, été 1973, pp. 55–58.

Smith, Whitney, *Flags Through the Ages and Across the World*, 1975.

Smith, Whitney, « An Introduction to Canada's Flag », *Flag Bulletin*, vol. 17–3, n° 72, mai–juin 1978, p. 83.

Smith, Whitney, « Carillon », *Flag Bulletin*, vol. 32–4, n° 153, juillet–août 1993, pp. 180–182.

Smith, Whitney, « Flags in the News: United Kingdom of Great Britain », *Flag Bulletin*, vol. 39–2, n° 192, mars–avril 2000, pp. 50–60.

Spence, D. Ralph, « An Outline History of Canada's Flags », *Flag Bulletin*, vol. 19–3/4/5, n° 84, mai–octobre 1980, pp. 319–327.

Stanley, George F. G., « Flag Memorandum », web.archive.org, 23 mars 1964, en ligne.

Stanley, George F. G., *The Story of Canada's Flag: A Historical Sketch*, 1965.

Stevenson, Christophe, « 100e anniversaire des armoiries du Canada – Factum Armis – 100th Anniversary of the Royal Arms of Canada », *Heraldry in Canada/L'Héraldique au Canada*, vol. 56, n° 1–4, décembre 2022, pp. 5–80.

Stursberg, Peter, *Lester Pearson and the Dream of Unity*, 2e édition, 1978.

Styring, John S., « House Flags: Part I », *Flag Bulletin*, vol. 2–2, n° 6, hiver 1963, pp. 15–16.

Sulte, Benjamin, *Histoire des Canadiens français, 1608–1880 : origine, histoire, religion, guerres, découvertes, colonisation, coutumes, vie domestique, sociale et politique, développement, avenir*, 1882–1884.

Sulte, Benjamin, « Le pavillon canadien », *Bulletin de la Société normande de géographie*, septembre–octobre 1895, pp. 309–311.

Sulte, Benjamin, « Le drapeau tricolore au Canada », *Bulletin des recherches historiques*, vol. 3, n° 2, février 1897, pp. 29–30.

Sulte, Benjamin, « Le drapeau tricolore en Canada », *Bulletin des recherches historiques*, vol. 10, n° 5, mai 1904, pp 151–157.

Sulte, Benjamin, « Couleurs nationales », *Mélanges historiques : études éparses et inédites de Benjamin Sulte*, vol. 15, 1929, pp. 66–68.

Swan, Conrad, *Canada: Symbols of Sovereignty*, 1977.

Szala, John R. B., « Joan of Arc's Standard », *Flag Bulletin*, vol. 11–4, n° 42, hiver 1972, pp. 418–424.

Szala, John R. B., « All You Ever Wanted to Know about "Oriflamme" », *NAVA News*, vol. 16–1, n° 64, janvier–février 1983, p. 1.

Szala, John R. B., « Acadian Flag Is 100 Years Old », *NAVA News*, vol. 17–5, n° 74, septembre–octobre 1984, p. 1.

Tallon, Beverley, « HBC Flag: Tales and Treasures from the Rich Legacy of the Hudson's Bay Company », *Canada's History/Histoire Canada*, 8 mars 2011, en ligne.

Vachon, Auguste, « Le Red Ensign au Canada : de Pierre Le Moyne d'Iberville à John George Diefenbaker », *Heraldry in Canada/L'Héraldique au Canada*, vol. 14, n° 3, septembre 1980, pp. 2–10.

Vachon, Auguste, « Les drapeaux oubliés », *Heraldry in Canada/L'Héraldique au Canada*, vol. 15, n° 2, juin 1981, pp. 12–23.

Vachon, Auguste, « Flags of Canada: An Historical Overview », *Flag Bulletin*, vol. 27–3, n° 126, mai–juin 1988, pp. 88–102.

Vachon, Auguste, « La fleur de lis seule : marque d'autorité et de possession royales en Nouvelle-France », *Heraldic Science Héraldique*, 1990, en ligne.

Vachon, Auguste, « Bannière de France et Pavillon blanc en Nouvelle-France », *Heraldry in Canada/L'Héraldique au Canada*, vol. 42, nos 1–4, décembre 2008, pp. 19–33.

Vachon, Auguste, « Did Alexander Scott Carter Give Canada Its National

Colours? », *Heraldry in Canada/L'Héraldique au Canada*, vol. 44, n°s 1–4, décembre 2010, pp. 9–18.

Vachon, Auguste, « Les origines du castor et de la feuille d'érable comme emblèmes canadiens », *Heraldry in Canada/L'Héraldique au Canada*, vol. 45, n°s 3–4, décembre 2011, pp. 50–69.

Vachon, Auguste, « The Armorial Bearings of Nova Scotia: Why Two Official Versions? » *Alta Studia Heraldica*, vol. 4, 2012, pp. 231–246.

Vachon, Auguste, « Une opinion sur les armes du Québec », *Heraldic Science héraldique*, 2013, en ligne.

Vachon, Auguste, « A Precursor to the Flag of Nova Scotia », *Heraldic Science héraldique*, 2013, en ligne.

Vachon, Auguste, « Les pavillons de la marine marchande en Nouvelle-France », *Heraldic Science héraldique*, 2014, en ligne.

Vachon, Auguste, « Canada's Coat of Arms: Defining a Country within an Empire », *Heraldic Science héraldique*, 2014, en ligne.

Vachon, Auguste, « Variations in the Arms of Sovereignty Connected with Canada: A Pictorial Overview », *Heraldic Science héraldique*, 2016, en ligne.

Vachon, Auguste, « La recherche de symboles identitaires canadiens », *Heraldic Science héraldique*, 2019, en ligne.

Wade, F. C., *The Canadian Flag and Our Schools*, 1908.

Willis, Ronald E., *Historical Flags of Canada*, 1965.

Wise, Terence, *Military Flags of the World, 1618–1900*, 1977.

Wright, Glenn T., « First Flags: A Report on Research Undertaken to Identify and Locate Canada's First Maple Leaf Flags », *Flag Bulletin*, vol. 47–1/2, n° 231, janvier–avril 2008, pp. 3–55.

Wright, W. J., *Our Flag: What It Means, the Royal, Dominion and Provincial Arms, a Sketch*, 1904.

Notes

1. Northlea est la portion nord du quartier Leaside, lui-même situé au nord-est du centre-ville de Toronto. De 1913 à 1966, Leaside fut une ville constituée et indépendante. J'y suis né en 1959 et j'y ai vécu jusqu'en 1971.
2. Ces autres couleurs sont toutes mentionnées dans Gustave Desjardins, *Recherches sur les drapeaux français*, 1874, pp. 58–62.
3. *Ibid.*, p. v.
4. *Ibid.*
5. Pour une présentation fouillée de cette transition, voir Hervé Pinoteau, *La symbolique royale française*, 2003, pp. 450–456.
6. On en trouvera une présentation détaillée dans Auguste Vachon, « Bannière de France et Pavillon blanc en Nouvelle-France », *Heraldry in Canada/L'Héraldique au Canada*, décembre 2008, pp. 19–33.
7. Desjardins, *op. cit.*, pp. 112–113.
8. Voir la section « Les pavillons français ».
9. Desjardins, *op. cit.*, pp. iii–iv.
10. *Ibid.*, pp. iv et 29–36.
11. *Ibid.*, pp. 40–43.
12. René Chartrand, « Les drapeaux militaires en Nouvelle-France », *Revue d'histoire de la culture matérielle*, automne 1995, pp. 39–46.
13. René Chartrand, « Les drapeaux en Nouvelle-France », *Conservation Canada*, 1974, pp. 24–25.

14. L'écu royal a été ajouté en 1661 ; la couronne et le collier l'ont été en 1689. Pour un commentaire sur les usages de ces différentes versions du pavillon bleu, voir Auguste Vachon, « Les pavillons de la marine marchande en Nouvelle-France », *Heraldic Science héraldique*, 2014.
15. L'une de ces attestations se trouve dans John Knox, *The Siege of Quebec*, 1769, p. 292, mais les trois fleurs de lis y sont encerclées d'une guirlande d'or.
16. Arthur G. Doughty, archiviste en chef du Dominion et historien québécois réputé en son temps, disait voir dans différentes esquisses produites en Nouvelle-France une bannière à fleurs de lis d'or sur champ blanc. La plupart des observateurs contemporains sont d'avis que ces dessins sont trop peu précis pour tirer des conclusions aussi nettes. Voir « Le drapeau de la Nouvelle-France », *Mémoires et comptes rendus de la Société royale du Canada*, 1926, p. 46.
17. Pinoteau, *op. cit.*, pp. 638–651, traite de l'adoption progressive du blanc comme couleur officielle du royaume de France au fil des siècles. Vachon, « Bannière de France et Pavillon blanc en Nouvelle-France », donne des exemples de son statut semblable dans la colonie.
18. Vachon, *ibid.*, donne des exemples de symboles politiques et de symboles religieux ajoutés au pavillon blanc en Nouvelle-France.
19. Voir la section « Les drapeaux coloniaux britanniques » au chapitre 2.
20. Desjardins, *op. cit.*, pp. 27–28, offre une description détaillée des bannières du temps de Jeanne d'Arc.
21. Pierre-Joseph-Olivier Chauveau, *Discours*, 1855, p. 4.
22. Katie Nicholson, « From Snakes to Spartans », Canadian Broadcasting Corporation, 16 février 2022.
23. La chose est décrite dans Hormisdas Magnan, *Cinquantenaire de notre hymne national « Ô Canada, terre de nos aïeux »*, 1929, p. 45.
24. On croyait alors que ce bleu était la couleur d'origine du drapeau de Carillon, mais ce n'est pas certain. Il se peut qu'il ait été blanc, voire blanc cassé ou crème.
25. Luc Bouvier revient en détail sur cet événement dans « Histoire des drapeaux québécois », *Heraldry in Canada/L'Héraldique au Canada*, partie IV.5, décembre 1994.

26. Sur les traits généralement associés à ce qui fait qu'un drapeau est bien réussi ou non, voir Ted Kaye, *"Good" Flag, "Bad" Flag*, 2006.
27. Des vexillologues ayant analysé 72 drapeaux nord-américains ont classé celui du Québec au troisième rang. Ted Kaye, « New Mexico Tops State/Provincial Flags Survey », *NAVA News*, avril-juin 2001, pp. 4–5.
28. Voir la section « Les drapeaux provinciaux d'héritage britannique » au chapitre 2.
29. Cela dit, pour signaler sa revendication sur le Nouveau-Monde, et avec la permission d'Henri vii, c'est l'étendard royal anglais que plante Cabot. Cet étendard écartelé combine l'écu royal de France à celui d'Angleterre pour signaler les prétentions anglaises au trône de France.
30. C'est du moins une hypothèse qu'on croise souvent dans les sources. La plus ancienne mention que j'ai trouvée se trouve dans W. J. Gordon, *Flags of the World*, 1915, pp. 59–60.
31. Voir la section « Le drapeau du royaume de France » au chapitre 1.
32. Je n'ai rien trouvé sur l'emploi des drapeaux du *Commonwealth* à Terre-Neuve ou en Nouvelle-Écosse. Mais, comme ces colonies sont alors sous la gouverne d'hommes nommés par Oliver Cromwell, il m'apparaît probable que les drapeaux y soient déployés.
33. À compter de 1865, chaque colonie britannique au Canada a le droit de hisser sa propre version du *Blue Ensign* sur ses navires. Mais, à ma connaissance, aucune ne le fait avant le gouvernement fédéral. Le *Blue Ensign* de l'île de Vancouver, qu'on voit parfois, est une création moderne ; il n'existe pas pendant la période où l'île est une colonie distincte (1849–1866). Voir Alistair B. Fraser, *The Flags of Canada*, chapitre 10 : « British Columbia: Municipalities and Regions », 1998.
34. De 1911 à 1965, le *Blue Ensign* canadien flotte à l'avant (la proue) des navires de la Marine royale canadienne, alors que le *White Ensign* flotte à l'arrière (la poupe) et, jusqu'en 1961, au sommet du grand mat (en tête de mât), lorsqu'il y est remplacé par le *Red Ensign* canadien. Voir Graeme Arbuckle, *Customs and Traditions of the Canadian Navy*, 1984, pp. 29–31.
35. Voir la section « Le débat sur le drapeau de 1918 à 1945 » au chapitre 3.

36. On en trouve un exemple à York Factory, l'ancien siège social régional de la CBH à la baie d'Hudson, que j'ai pu visiter en 2012.
37. Voir la section « Le débat sur le drapeau de 1867 à 1918 » au chapitre 3.
38. En principe, le rose ne fait pas partie des couleurs particulières (les émaux) admises par l'héraldique. Cependant, sa présence sur le tricolore terre-neuvien et son utilisation subséquente dans les armoiries particulières de certaines personnes, à Terre-Neuve, ont amené l'Autorité héraldique du Canada à le reconnaître comme un émail distinct.
39. Voir la section « Le drapeau du Québec » au chapitre 1.
40. Le drapeau de la Nouvelle-Écosse a été jugé comme le 12e plus beau de 72 drapeaux nord-américains. Ted Kaye, « New Mexico Tops State/Provincial Flags Survey », *NAVA News*, avril-juin 2001, pp. 4–5.
41. Voir la section « Le débat sur le drapeau depuis 1965 » au chapitre 3.
42. Voir la section « Les autres drapeaux d'héritage français » au chapitre 1.
43. Là où le drapeau de la Nouvelle-Écosse s'est classé 12e – et celui du Québec, 3e (voir la note 27) –, les drapeaux de l'Ontario et du Manitoba se sont classés 43e et 44e, soit aux deux derniers rangs des provinces et territoires du Canada. Voir Kaye, *op. cit.*
44. Le drapeau de la Première Nation Kainai (la tribu des Blood), dans le sud de l'Alberta, est un autre exemple pertinent. Il s'agit d'un pavillon britannique bleu ciel orné de symboles Blood, le tout sur champ blanc. Je suis chef honoraire de cette Première Nation.
45. Un exemple notable de cette façon de penser nous est offert par le sous-secrétaire d'État du Canada, Thomas Mulvey. Ce dernier explique ainsi pour quelle raison le comité chargé de créer les armoiries du Canada, en 1921, a omis le castor : « Nous avons convenu qu'en tant que membre de la famille des rats, le castor était un symbole indigne. […] La marine marchande canadienne […] a mis un castor sur son drapeau maison et, depuis, on l'appelle "la compagnie des rats". » Voir Alistair B. Fraser, *The Flags of Canada*, chapitre 1 : « Canada's National Symbols: The Beaver », 1998.

46. Sur cette question, je ne connais pas de meilleure analyse que celle d'Auguste Vachon, « Les origines du castor et de la feuille d'érable comme emblèmes canadiens », *Heraldry in Canada/L'Héraldique au Canada*, décembre 2011, pp. 50–69.
47. Pour être exact, le Canada est une création de trois colonies britanniques : le Nouveau-Brunswick, la Nouvelle-Écosse et le Canada-Uni. Ce dernier, qu'on appelle aussi « les deux Canada », est le fruit de l'union de l'Ontario (le Canada-Ouest, autrefois le Haut-Canada) et du Québec (le Canada-Est, autrefois le Bas-Canada) – mais une union dysfonctionnelle. La Confédération vient unir les colonies sous l'égide du gouvernement fédéral, en plus de séparer de nouveau l'Ontario et le Québec.
48. La carte simplifie un peu les choses. Certaines îles de l'Arctique et le Labrador sont revendiqués par plus d'un gouvernement, et les autorités britanniques ne trancheront ces litiges qu'en 1880 et 1927, respectivement.
49. Voir la section « Les drapeaux coloniaux britanniques » au chapitre 2.
50. Voir la section « Les pavillons britanniques » au chapitre 2.
51. George Stanley, *The Story of Canada's Flag*, 1965, pp. 26–27.
52. *Ibid.*, p. 28.
53. Voir la section « Le drapeau du Québec » au chapitre 1.
54. Le drapeau appelant à l'indépendance du Canada est sans doute la création d'un particulier ou d'un groupe voulant promouvoir la pleine souveraineté canadienne. Un article de presse de l'époque parle de ce macaron. Le journaliste évoque une possible origine des États-Unis, mais concède ne rien savoir de plus à ce sujet. Voir [Anonyme], « The Seized Buttons », *Montreal Star*, 21 juillet 1900, p. 13. Le Canada d'alors abrite bel et bien des mouvements indépendantistes comme celui-ci, mais aussi des groupes en faveur soit d'une fédération impériale, soit d'une union nord-américaine. Cela dit, l'opinion publique préfère de beaucoup que le Canada reste une entité autonome au sein de l'Empire britannique. Voir Aaron W. Boyes, *Towards the "Federated States of North America"*, p. 159 pour le récit d'un débat entre ces quatre groupes, en 1892.
55. Toutes les provinces emploient le nouveau modèle depuis des décennies, sauf la Nouvelle-Écosse. Celle-ci n'a fait le changement qu'en 2024.

56. Chef de gouvernement et non d'État, un premier ministre ne dispose pas de son propre drapeau. Le protocole prévoit qu'il emploie celui de son pays. C'est pourtant cette variante, faite de soie et convenant davantage à un gouverneur général, qu'utilise King lors de son passage à San Francisco, au printemps 1945, pour la rédaction de la Charte des Nations Unies. King, semble-t-il, reviendra ensuite au *Red Ensign* canadien, plus approprié. Voir Fraser, *op. cit.*, chapitre 2 : « Heads of State: The Flag of the Prime Minister ».
57. Le colonel Archer Fortescue « Scotty » Duguid a dirigé la Section historique de l'Armée canadienne de 1921 à 1945. Des documents confirment son rôle dans la conception du drapeau de combat en 1925, à peu près au moment où siège le comité. Voir en particulier Kenneth W. Reynolds, « To Make the Unmistakable Signal "Canada" », *Raven*, 2007, p. 8. Le travail de Deguid sera à l'origine du fanion de Pearson. Voir la section « Le débat sur le drapeau de 1957 à 1965 », plus loin.
58. Voir la section « Le drapeau du Québec » au chapitre 1.
59. L'autorisation est donnée par décret le 5 septembre 1945. Voir Stanley, *op. cit.*, p. 49.
60. Ce n'est que mon opinion, évidemment. À mes yeux, cette feuille ressemble à un hybride de feuille d'érable et de feuille de chêne. Sur le dessin d'origine, proposé par Donald Nelson Baird de Truro, en Nouvelle-Écosse, la feuille d'érable ressemble beaucoup plus à celle du drapeau contemporain, quoiqu'elle garde un aspect naturaliste. Voir James Bone, « Donald Nelson Baird et le comité parlementaire du drapeau de 1945–1946 », *Le blogue de Bibliothèque et Archives Canada*, 20 mai 2021.
61. Voir Gouvernement du Canada, « 1963 à 1965 : La création du drapeau national du Canada », Canada.ca, 2023, en ligne.
62. Voir la section « Le débat sur le drapeau de 1918 à 1945 ».
63. Voir George Stanley, « Flag Memorandum », web.archive.org, 1964, en ligne.
64. C'est Alan Beddoe, l'artiste à qui on doit le fanion de Pearson, qui réalise la première illustration professionnelle du concept de drapeau de Stanley. Les prototypes sont fabriqués par Ken Donovan, employé de la Commission des expositions du gouvernement canadien, et sa fille Joan O'Malley. Voir Gouvernement du Canada, *op. cit.*

65. La charge de concevoir la version définitive du drapeau revient au directeur de la Commission des expositions du gouvernement canadien, Patrick Reid. Sous ses ordres se trouve notamment Jacques St-Cyr, un vétéran de l'Armée doté d'une formation poussée en graphisme acquise à Montréal, New York et Londres. C'est lui qui donne à la feuille d'érable sa forme finale. Voir John Matheson, *Canada's Flag*, 2e édition, 1986, p. 178.
66. Matheson a repris l'idée de George Bist, à la fois vétéran et graphiste, comme St-Cyr. Bist a proposé un drapeau constitué d'une feuille d'érable rouge sur un carré blanc bordé de bandes bleues. C'est sa version que préfère le Nouveau Parti démocratique. Voir *ibid.*, pp. 125–126.
67. C'est à Conrad Swan – plus tard, sir Conrad Swan – qu'on doit l'appellation « pal canadien ». Premier Canadien nommé au College of Arms, à Londres, il progresse dans la hiérarchie jusqu'au grade de roi d'armes principal de la Jarretière. Voir *ibid.*, p. 134.
68. L'unifolié soulève une autre objection, initialement du moins, car on s'aperçoit que le rouge réagit très mal à son exposition aux éléments. Avant que le drapeau ne devienne officiel, le problème est corrigé par Günter Wyszecki, du Conseil national de la recherche du Canada, qui élabore la nuance de rouge officielle. Voir Gouvernement du Canada, *op. cit.*
69. Un tel drapeau – une version rectangulaire de l'écu des armoiries du Canada sans emblème personnel – est aujourd'hui l'étendard royal pour le Canada de Charles iii.
70. Voir la section « Les drapeaux provinciaux d'héritage britannique » au chapitre 2.
71. Chris Champion le montre très bien dans « A Very British Coup », *Journal of Canadian Studies*, septembre 2006, pp. 68–99.